잠깐 가지고 떠날 수 있는
최소한의 여행영어
꼭 필요한 핵심 표현 **20**

지은이 박희정
펴낸이 정규도
펴낸곳 (주)다락원

초판 1쇄 발행 2016년 6월 10일
초판 3쇄 발행 2019년 4월 25일

책임편집 최운선

디자인 디자인그룹올

다락원 경기도 파주시 문발로 211
내용문의 (02)736-2031 내선 270
구입문의 (02)736-2031 내선 250~252
Fax (02)732-2037
출판등록 1977년 9월 16일 제406-2008-000007호

Copyright © 2016, 박희정

저자 및 출판사의 허락 없이 이 책의 일부 또는 전부를 무단 복제·전재·발췌할 수 없습니다. 구입 후 철회는 회사 내규에 부합하는 경우에 가능하므로 구입문의처에 문의하시기 바랍니다. 분실·파손 등에 따른 소비자 피해에 대해서는 공정거래위원회에서 고시한 소비자 분쟁 해결 기준에 따라 보상 가능합니다. 잘못된 책은 바꿔 드립니다.

ISBN 978-89-277-4641-6 (13740)

http://www.darakwon.co.kr
다락원 홈페이지를 통해 인터넷 주문을 하시면 자세한 정보와 함께 다양한 혜택을 받으실 수 있습니다.

ARE YOU READY?

당장 가지고 떠날 수 있는
최소한의 여행영어

딱 필요한 핵심 표현
20

PROLOGUE

요즘 많이 보이는 TV 프로그램 장면 중 하나가 연예인이 갑자기 해외로 여행을 떠나, 어설픈 영어로 외국인과 의사소통하느라 애쓰는 장면입니다.

내가 만일 그 주인공이라면 어떨까? 짧고 단순하면서도 문법적으로 오류가 없는 쉬운 영어 표현 몇 가지만으로 여행할 수 없을까? 이런 생각에서부터 이 책은 시작되었습니다.

기존의 영어회화 책은 상황별로 정리된 것이 대부분인데, 너무 많은 정보가 나열되어 있어 당장 여행을 떠나고 싶은 영어 초보자에게는 적합하지 않아 보였습니다. 영어 공부를 목적으로 하는 것이라면 많은 도움을 받을 수도 있겠지만, 당장 여행지에서 필요한 표현만 알고 싶은 사람에게는 너무 많은 양의 학습을 요구합니다.

[최소한의 여행영어]는 해외여행을 떠났을 때 가장 많이 쓰는 표현 딱 20가지를 정하고 그때그때 단어만 바꾸어 쓸 수 있게 정리하였습니다. 이 표현만 외워 놓으면 웬만한 상황에 다 적용이 가능합니다. 또한, 외우지 못했더라도 가지고 다니기에 적당한 크기로 실제 상황에서 필요할 때 바로 찾아 바로 말할 수 있습니다.

책을 쓰면서 느낀 점은 여행할 때 필요한 영어 표현이 생각보다 많지 않다는 점입니다. 핵심 표현 20가지만으로도 충분히 가이드에 의지하지 않고 자신 있게 자유여행에 도전할 수 있습니다. 딱 필요한 표현만 배우고 익혀서 최대한 활용하자는 것입니다.

"Tell me and I forget, teach me and I may remember, involve me and I learn."

나에게 말해준다면 난 잊을 것이고, 나에게 가르쳐준다면 난 기억할 것이고, 나를 참여시킨다면 난 배울 것이다. -벤저민 프랭클린-

벤저민 프랭클린의 말처럼 실제 상황에서 영어를 직접 사용하여 원하는 바를 얻어내 봄으로써 진정한 여행의 즐거움을 만끽하시길 바랍니다.

Bon voyage!

박희정

CONTENTS

딱 필요한 핵심 표현 01 » 10

핵심 표현 01
화장실이 어디예요? — 12
Where is the restroom?

알아 둡시다 호텔 객실 명칭 — 17
알아 둡시다 리조트 객실 명칭 — 18

핵심 표현 02
물 주세요. — 20
Water, please.

알아 둡시다 기내 좌석 위치 — 25

핵심 표현 03
무료 와이파이가 있나요? — 26
Do you have free Wi-Fi?

핵심 표현 04
지금 주문할게요. — 30
I'd like to order now.

알아 둡시다 고기 익힘 정도 — 35

핵심 표현 05
이거 얼마예요? — 36
How much is it?

핵심 표현 06
전 이것으로 할게요. — 40
I'll take this one.

마요네즈 빼 주세요. — 44
No mayo, please.

너무 추워요. — 48
It's too cold.

어디서 티켓을 살 수 있나요? — 52
Where can I buy a ticket?

이거 어떻게 쓰는 거예요? — 56
How can I use this?

알아 둡시다 택스리펀드 — 61

딱 필요한 핵심 표현 11 » 20

지갑 좀 보여 주세요. — 64
Show me some wallets.

알아 둡시다 가방의 종류 — 69

영수증 좀 주시겠어요? — 70
Can I get a receipt?

알아 둡시다 나라별 신발 사이즈 — 75

3시까지 짐 좀 맡아 줄 수 있나요? — 76
Could you keep my baggage until 3 p.m.?

핵심 표현 **14**
관광하러 왔어요. — 80
I'm here for sightseeing.

 핵심 표현 **15**
제 짐을 못 찾겠어요. — 84
I can't find my luggage.

 핵심 표현 **16**
언제 문을 여나요? — 88
What time do you open?

 핵심 표현 **17**
몇 층에 스파가 있죠? — 92
Which floor has the spa?

 핵심 표현 **18**
드라이어가 고장이에요. — 96
The dryer is not working.

알아 둡시다 달걀 요리 — 101

 핵심 표현 **19**
두통이 있어요. — 102
I have a headache.

알아 둡시다 다양한 빵 이름 — 106

 핵심 표현 **20**
발목이 아파요. — 108
I have a pain in my ankle.

알아 둡시다 커피 메뉴 — 112

그 외 상황별 핵심 표현 01 》 24

교통 이용 | 길 묻기 — 116

호텔에서 — 121

식당에서 — 123

관광지에서 — 126

상점에서 — 127

비행기에서 — 128

딱 필요한 핵심 부록 01 》 03

01 기초 영단어 — 132

02 여행지 단어 사전

• 가나다 순으로 — 134

• 알파벳 순으로 — 146

03 나의 여행 계획 — 158

딱 필요한 핵심 표현 01 ≫ 10

◀ **세계 관광 명소** TOWER BRIDGE

영국의 전성기, 19세기 후반에 만들어진 도개교이며
템즈 강 위에 스코틀랜드 풍 양식으로 지어졌다. 처음 만들어졌을 당시는
연 6,000회 정도 열렸지만 지금은 연 200회가 안되게 열린다.
그래서 타워 브릿지가 열리는 것을 보면 행운이 찾아온다고 한다.

화장실이 어디예요?

Where is the restroom?
🔊 **웨얼** 이즈 더 **뤠스트룸**

여행지에서 가장 긴급하게 물어볼 말은 바로 "화장실이 어디예요?" 일 것이다. '화장실'을 뜻하는 말은 나라마다 조금씩 차이가 있다. 미국에서는 **restroom** 뤠스트룸, 캐나다에서는 **washroom** 워시룸, 유럽에서는 **toilet** 토일렛을 주로 쓴다. 한편 비행기 안에서는 화장실이 **lavatory** 레버토리라고 표시되어 있으니 알아 두자. 기내 화장실 문에 **vacant** 베이큰트라는 불이 들어와 있으면 비었다는 뜻이고, **occupied** 아큐파이드라는 불이 들어와 있으면 사용 중이라는 뜻이다. 미국에서는 화장실을 물어볼 때, 에둘러서 **Where can I wash my hands?** 웨얼 캔 아이 워시 마이 핸즈라는 표현을 자주 쓰기 때문에 알아 두면 좀 더 품위 있는 영어를 구사할 수 있다. 유럽에서는 공중 화장실을 사용할 때 돈을 받는 경우가 있으니 화장실 가기 전에 미리 동전을 준비하는 것도 좋은 방법이다.

핵심 패턴 01

Where is _____?

_____이 어디예요?

*빈칸에 다양한 표현을 넣어 활용하세요.

★ 택시 승차장 **the taxi stand** 더 택시 스탠드	★ 지하철역 **the subway station** 더 서브웨이 스테이션	★ 버스 정류장 **the bus stop** 더 버스 스탑
42번 게이트 **Gate 42** 게이트 포티 투	수하물 찾는 곳 **the baggage claim** 더 배기지 클래임	여행자 안내소 **the tourist information center** 더 투어리스트 인포메이션 센터
현금 자동 입출금기 **the ATM** 디 에이티엠	환전소 **the money exchange** 더 머니 익스체인지	면세점 **the duty free shop** 더 듀티 프리 샵

tip ★ 교통 수단의 성격에 따라 타는 곳을 다르게 표현한다. 택시는 승객을 기다리며 서[stand] 있고, 버스는 멈추었다가[stop] 승객을 태우고 바로 떠나며, 지하철은 역사[station] 안에 구역이 있어 정차하였다가 간다고 이해하면 쉽다.

★ 중앙역 central station 센트럴 스테이션	매표소 the ticket office 더 티켓 어피스	분실물 센터 the Lost and Found 더 로스트 앤 파운드
출구 / 입구 the exit / 디 엑시트 / the entrance 디 앤트랜스	음식점 the restaurant 더 레스트런트	선물 가게 the gift shop 더 기프트 샵
탈의실 the fitting room 더 피팅 룸	흡연 구역 the smoking area 더 스모킹 에리어	무료 와이파이 구역 the free Wi-Fi zone 더 프리 와이파이 존
백화점 the department store 더 디파트먼트 스토어	★ 미술관 the museum 더 뮤지엄	★ 호텔 the hotel 더 호텔

> **tip** ★공항은 주로 외곽에 있고 시내 관광과 숙소를 찾기 위해 다운타운 중앙역으로 가는 경우가 많다. 예를 들면 로마 중앙역, 취리히 중앙역, 피렌체 중앙역 등이 있다. ★미술관이나 호텔의 위치를 물어볼 때는 **British Museum**, **Hilton Hotel** 등과 같이 구체적인 이름으로 물어보는 것이 좋다.

Survival Dialogue
공항에서 길 묻기

나: Excuse me, where is the drugstore?
익스큐즈 미 웨얼 이즈 더 드럭스토얼
실례지만 약국이 어디에요?

직원: Go downstairs and you'll see one next to the duty free shop.
고우 다운스테얼즈 앤 유일 씨 원 넥스 투 더 듀티 프리 샵
아래층으로 내려가시면 면세점 옆에 있을 거예요.

나: One more thing. Where is the nearest restroom?
원 모얼 띵 웨얼 이즈 더 니어리스트 뤠스트룸
한가지 더요. 가장 가까운 화장실이 어디죠?

직원: Go straight and turn left at the corner.
고우 스트레잇 탠 턴 레프트 앳 더 코널
쭉 가시다가 길모퉁이에서 왼쪽으로 꺾으시면 돼요.

It's across from the escalator.
잇츠 어크로스 프럼 디 에스컬레이터
에스컬레이터 맞은편이에요.

나: Thanks a lot.
땡스 어 랏
감사합니다.

알아 둡시다
호텔 객실 명칭

single room
씽글 룸
1인용 침대가 한 개 있는 1인실

double room
더블 룸
2인용 침대가 한 개 있는 2인실

twin room
트윈 룸
1인용 침대가 2개 있는 2인실

standard room
스탠다드 룸
가장 기본이 되는 일반실

deluxe room
디럭스 룸
스탠다드 룸보다 평수가 조금 더 넓고
조망이나 위치가 더 좋은 객실

suite room
스윗 룸
침실 외에 거실이 붙어 있는 방

tip 호텔은 객실을 standard → deluxe → suite 순으로 나누고 있고, 이외의 이름들인 superior deluxe, superior suite, special deluxe, executive suite, honeymoon suite 등은 고급스럽고 특별하다는 의미를 더해 명칭을 만든 것이다.

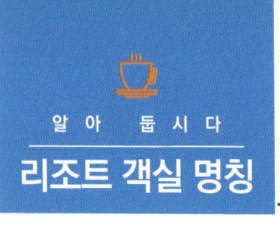

알아 둡시다
리조트 객실 명칭

2 bed pool villa
투 베드 풀 빌라
더블침대방이 2개인 풀빌라

1 bed pool villa
원 베드 풀 빌라
더블침대방이 1개인 풀빌라

water villa
워터 빌라
바다 위에 빌라

garden view
갈든 뷰유
리조트 정원이 보이는 객실

pool view
풀 뷰유
풀장이 보이는 객실

ocean view
오션 뷰유
sea view
씨 뷰유
bay view
배이 뷰유
beach view
비치 뷰유
바다가 보이는 객실

lagoon view
라군 뷰유
라군(석호)이 보이는 객실

pool access room
풀 엑세스 룸
풀장으로 연결된
발코니가 있는 1층 객실

Jacuzzi
자쿠지
기포가 나오는 욕조가 있는 객실

물 주세요.

Water, please.

🔊 **워러** 플리즈

~, please. 플리즈는 여행 중 가장 많이 쓰는 표현이다. 필요한 것을 달라고 말하고 싶을 때, 원하는 종류를 말하고 끝에 **please** 플리즈만 붙여 주면 된다. 따라서 '물 좀 주세요.'라고 말하고 싶을 땐, **Water, please.** 워러 플리즈라고 하자. 우리는 '물' 하면 주로 **water** 워러를 떠올리지만, 유럽에서는 **aqua** 아쿠아를 더 많이 쓴다. 음식점에서 물을 시킬 때 **sparkling water** 스파클링 워러를 원하는지 물어보는 때가 있다. **sparkling water** 스파클링 워러는 탄산수이므로 그냥 보통의 물을 마시고 싶을 때는 **still water** 스틸 워러, **no gas** 노 개스, 또는 **natural water** 네추럴 워러라고 말해야 한다. 여행 중 마시는 물은 대체로 사서 마셔야 하고, 호텔에서 제공하는 물도 유료인 경우가 있다. 특히 호텔에서 미니바의 형태로 제공되는 물과 음료수는 편의점보다 서너 배 정도 비싼 편이기 때문에 밤늦게 호텔에 체크인하는 경우, 미리 준비하는 것도 좋은 팁이다.

핵심 패턴 02

_____, please.
_____ 주세요.

*빈칸에 다양한 표현을 넣어 활용하세요.

커피 **Coffee** 커피	차 **Tea** 티	★ 오렌지 주스 **Orange juice** 어린지 쥬스
닭 **Chicken** 치킨	소고기 **Beef** 비프	돼지고기 **Pork** 폴크
헤드폰 **A headset** 어 헤드셋	베게 **A pillow** 어 필로우	담요 **A blanket** 어 블랭킷

tip ★ 기내에는 **orange juice**뿐만 아니라 **apple juice, wine, beer** 등 항공사마다 다양한 음료를 구비해 놓고 있으니 원하는 음료를 말하고 이용해 보자. 항공편에 따라서는 정해진 식사 외에 컵라면을 제공하는 경우도 있다. 이때 **Instant noodle, please.**라고 말하면 된다.

창가 쪽 좌석 **A window seat** 어 윈도우 씨잇	통로 쪽 좌석 **An aisle seat** 언 아일 씨잇	뉴욕행 티켓 **A ticket to** 어 티켓 투 **New York** 뉴욕
메뉴 **Menu** 메뉴	계산서 **Check / Bill** 체크 / 빌	2인용 테이블 **A table for two** 어 테이블 포 투
하루 승차권 **One day pass** 원 데이 패스	어른 1명 **One adult** 원 어덜트	이것 하나 **This one** 디스 원
추가 냅킨 **More napkins** 모어 냅킨스	★ 여기서 먹게 **For here** 포 히얼	★ 가져가게 **To go** 투 고우

tip ★영미 문화권 패스트푸드점에서 음식을 주문하고 나면 점원이 음식을 안에서 먹을 것인지 가지고 갈 것인지 **For here or to go?**라고 묻는다. 이때, 안에서 먹으려면 **For here, please.**라고 말하고, 싸 가지고 갈 거면 **To go, please.**로 말하면 된다. 좋은 음식점이나 바 등에서는 안에서 먹을 경우 **table charge**를, 나이트클럽이나 바의 경우 **cover charge**를 추가로 지불하는 경우도 있다.

Survival Dialogue
기내에서 식사 주문

승무원: What would you like to eat for dinner,
왓 우 쥬 라익 투 잇 폴 디너
chicken or beef?
치킨 오얼 비프
저녁으로 닭고기와 쇠고기 중에 무엇을 드시겠습니까?

나: Chicken, please.
치킨 플리즈
닭고기 주세요.

승무원: Would you like something to drink?
우 쥬 라익 썸띵 투 드링크
음료 드시겠습니까?

나: Yes, orange juice, please.
예스 어린지 쥬스 플리즈
네, 오렌지 주스 주세요.

승무원: Here it is.
히얼 잇 이즈
여기 있습니다.

나: Thank you.
땡 큐
감사합니다.

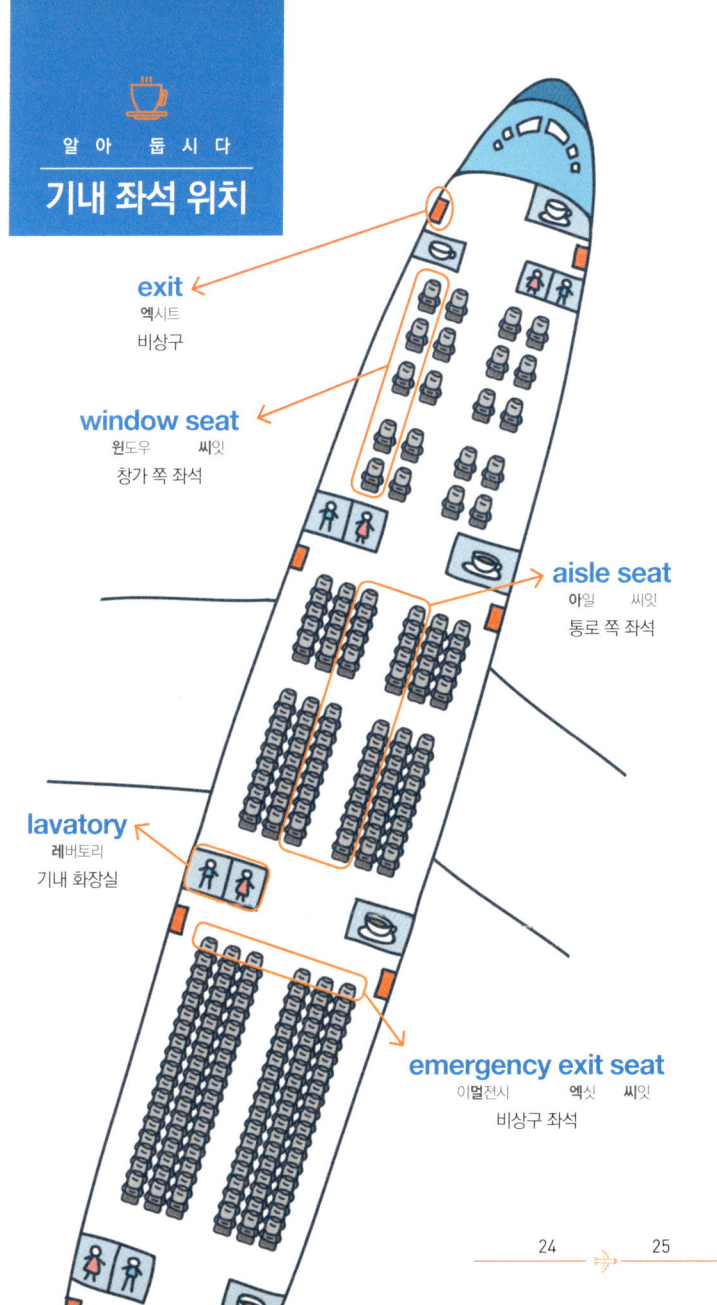

무료 와이파이가 있나요?

Do you have free Wi-Fi?
두　유　해브　프리　와이**파이**

~, please. 플리즈가 ~가 있다는 것을 가정하고 '~ 주세요.'라고 부탁하는 표현이라면 **Do you have ~?** 두 유 해브는 '당신은 ~이 있나요?'라는 뜻이니, ~이 있는지 확인한 후 '있으면 주세요.'라는 뉘앙스를 포함한다. 따라서 관광안내소에서 안내 책자나, 시내지도 등이 있는지 확인하고 얻고 싶을 때, 호텔에서 원하는 방이 있는지 확인하고 싶을 때 활용할 수 있다. 요새는 호텔이나 공항, 카페 등 와이파이를 무료로 이용할 수 있는 곳들이 꽤 많다. 하지만 우리나라와는 달리 외국에서는 여전히 호텔에서 와이파이가 유료인 경우가 많고, 로비에서 무료로 터지더라도 대부분 수신 강도가 낮고 느리다. 당연히 공짜라는 생각은 버리고 호텔 예약할 때 미리 와이파이를 무료로 이용할 수 있는지 물어보는 것이 좋으며, 안 될 경우 통신사 1일 정액 해외 데이터 로밍을 활용하는 것도 한 방법이다. (요금은 하루에 약 1만 원 정도)

Do you have ⬜ ?
⬜ 있나요?

*빈칸에 다양한 표현을 넣어 활용하세요.

도시 지도 **a city map** 어 시티 맵	지하철 지도 **a subway map** 어 서브웨이 맵	기차 시간표 **a train timetable** 어 트레인 타임테이블
버스 운행시간표 **a bus schedule** 어 버스 스케줄	★ 한국어로 된 소책자 **a brochure** 어 브로셔 **in Korean** 인 코리언	★ 검정색으로 이것 **this in black** 디스 인 블랙
★ 큰 사이즈로 이것 **this in a** 디스 인 어 **large size** 라아지 사이즈	침대 2개인 방 **a twin room** 어 트윈 룸	세탁 서비스 **a laundry** 어 런더리 **service** 서비스

tip ★in+언어는 '~언어로 된', in+색상은 '~색으로 된', in+사이즈는 '~사이즈로 된'이란 의미이다.

Survival Dialogue
와이파이 이용 묻기

나: Do you have free Wi-Fi?
두 유 해브 프리 와이파이
무료 와이파이가 있나요?

직원: Yes, we do.
예스, 위 두
네, 있습니다.

You may use wireless internet at the lobby.
유 메이 유즈 와이얼리스 인터넷 앳 더 라비
로비에서 무선 인터넷을 무료로 사용할 수 있습니다.

나: How can I use it at my room?
하우 캔 아이 유즈 잇 앳 마이 룸
내 방에선 어떻게 사용하나요?

직원: You have to type in the password.
유 해브 투 타입 삔 더 패스워드
비밀번호를 입력해야 합니다.

나: What is your Wi-Fi password?
왓 이즈 유얼 와이파이 패스워드
와이파이 비밀번호가 뭔가요?

직원: The password is written on the desk.
더 패스워드 이즈 뤼튼 온 더 데스크
비밀번호는 책상 위에 쓰여 있습니다.

지금 주문할게요.

I'd like to order now.

아이드 **라익** 투 **오덜** 나우

원하는 것을 표현할 때 **I want to** 아이 원 투라고 한다. 그런데 말 할 때는 좀 더 예의 바르게 **I'd like to ~.** 아이드 라익 투라고 표현하는 것이 일반적이다. **'d**는 **would** 우드의 줄임말로 원하는 것이 물건이면 뒤에 바로 물건을 말하고, 행위이면 **to** 투를 붙이고 이어서 동사를 말한다.

이탈리아와 같이 음식을 여러 단계의 코스 요리로 나누어 먹는 곳에서 주문할 때는 미리 알아 두면 좋은 점이 있다. 전채 요리 다음에 메인 요리가 **First Plate** 펄스트 플레이트와 **Second Plate** 세컨드 플레이트의 두 단계로 나뉘어 있는데, **First Plate** 펄스트 플레이트는 파스타나 리소토가, **Second Plate** 세컨드 플레이트는 육류와 생선류의 음식이 해당된다는 점을 알면 주문할 때 도움이 된다.

핵심 패턴 04

I'd like _____.
나는 _____ 원해요.

*빈칸에 다양한 표현을 넣어 활용하세요.

★ 사이다 **a Sprite** 어 스프라이트	얼음 **some ice** 썸 아이스	여분의 포크 **another fork** 언아더 폴크
★ 새 것 **a new one** 어 뉴 원	환불 **a refund** 어 리펀드	인터넷 비밀번호 **the internet password** 디 인터넷 패스워드
이온음료 **a sports drink** 어 스폴츠 드링크	체크인 **to check in** 투 첵 킨	체크아웃 **to check out** 투 첵 까웃
예약하기 **to make a reservation** 투 메익 커 레져베이션	방 예약하기 **to book a room** 투 북 꺼 룸	옷 구입하기 **to buy some clothes** 투 바이 썸 클로즈

tip
★사이다를 시키고 싶을 때는 **Sprite**라고 해야 한다. 콜라를 **Coke**나 **Pepsi**라고 하듯이 상표가 보통명사화 된 경우이다. 사이다[cyder]라고 말하면 사과주가 나올 수 있으니 주의하자.
★물건을 구경하다가 진열되어 있는 것 말고 새 것으로 구입하고 싶을 때 쓰는 표현이다.

전망 좋은 방	★ 이 음식점에서 최고	세금 환급
a room with a good view 어 룸 위드 어 굳 뷰	**the best in the restaurant** 더 베스트 인 더 레스트런트	**the tax refund** 더 텍스 리펀드

편도표	왕복표	7시에 모닝콜
a one-way ticket 어 원 웨이 티켓	**a round-trip ticket** 어 라운드 트립 티켓	**a wake-up call at 7 o'clock** 어 웨이껍 콜 앳 세븐 어클락

이것을 입어 보기	차 대여하기	물어보기
to try this on 투 트라이 디스 온	**to rent a car** 투 렌터 카	**to ask you something** 투 에스 큐 썸띵

현지 음식 먹기	여기서 하루 더 묵기	교환하기
to try some local food 투 트라이 썸 로컬 푸드	**to stay here one more night** 투 스테이 히얼 원 모얼 나잇	**to exchange this** 투 익스체인지 디스

tip ★ 맛집으로 소문 난 식당에서 베스트 메뉴를 먹고 싶다면 이렇게 말해 보자.

Survival Dialogue
환전하기

나
Good morning.
굳 모닝
I'd like to exchange dollars for pounds.
아이드 라익 투 익스체인지 달러스 폴 파운즈
안녕하세요, 저 달러를 파운드화로 바꾸고 싶어요.

직원
Okay. How much would you like to change?
오케이 하우 머치 우 쥬 라익 투 체인지
네. 얼마나 바꾸고 싶으세요?

나
500 dollars.
파이브 헌드레드 달러즈
500달러요.

직원
Would you like small bills?
우 쥬 라익 스몰 빌즈
소액권으로 드릴까요?

나
In tens and twenties, please.
인 텐즈 앤 트웬티즈 플리즈
10달러와 20달러 짜리로 주세요.

직원
Here are your money and receipt.
히얼 알 유얼 머니 앤 리씨잇
여기 돈과 영수증이 있습니다.

나
Thank you.
땡 큐
감사합니다.

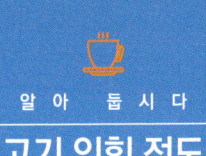

알아 둡시다
고기 익힘 정도

rare
레어
거의 안 익힘

medium-rare
미디엄   레어
미디엄과 레어의 중간 단계

medium
미디엄
중간 익힘

medium-well
미디엄   웰
미디엄과 웰던의 중간 단계

well done
웰   던
바짝 익힘

이거 얼마예요?

How much is it?
하우 머치 이즈 잇

가게에서 물건을 살 때나 정가가 쓰여 있지 않은 상품의 가격을 물어볼 때 쓸 수 있는 말이다. 거창한 물건을 사는 것이 아니더라도 작은 기념품 정도는 여행 기념으로 사는 경우가 많다. 이때 적절한 어휘와 제스처를 사용하여 흥정하면 좋은 물건도 싸게 살 수 있다. 예를 들면 중국 북경의 왕푸징 거리에서 볼 수 있는 물건은 같은 제품이더라도 값이 천차만별이기 때문에 몇 군데 물어보아 흥정하여 구입해야 한다. 또한, 발리나 보라카이의 해변에서 해양스포츠를 하기 원할 때 현지 여행사와 가격 흥정을 하면 적당한 가격에 스쿠버 다이빙이나 낚시 등 수상 레포츠를 즐길 수 있다. 홍콩의 경우 연말에 큰 세일을 하기 때문에 쇼핑하기 좋으며, 태국의 치앙마이 야시장에서도 소소한 액세서리 등을 저렴한 가격에 구입할 수 있으니 열심히 가격을 물어보자.

How much _____?

_____ 얼마예요?

*빈칸에 다양한 표현을 넣어 활용하세요.

★
요금
is the fare
이즈 더 페얼

하룻밤에
for a night
폴 어 나잇

이 신발
are these shoes
알 디즈 슈즈

입장료
is the admission
이즈 디 어드미션

표
is the ticket
이즈 더 티켓

공연
is the show
이즈 더 쇼우

하루 차 대여하는 데
is it to rent a car
이즈 잇 투 렌터 칼
for a day
폴 어 데이

이것 해 보는 데
is it to try this
이즈 잇 투 트라이 디스

안에 들어가는 게
is it to get in
이즈 잇 투 겟 인

★ **fare**는 대중교통 등의 운임, 요금, 통행료를 뜻하고, **charge**는 경비, 수수료, **fee**는 입장료나 사례금을 뜻한다.

Survival Dialogue
물건 구매하기

나: Do you have this shirt in red?
두 유 해브 디스 셜트 인 레드
이 셔츠 빨간색으로 있나요?

직원: Yes, we do. Would you like to try it on?
예스 위 두 우 쥬 라익 투 트라이 잇 온
네, 있습니다. 입어보실래요?

나: Yes, I'd like to. **How much is it?**
예스 아이드 라익 투 하우 머치 이즈 잇
네, 그러고 싶어요. 얼마인가요?

직원: It's 30 euros.
잇츠 써리 유로즈
30유로입니다.

나: Can I pay by card?
캔 아이 페이 바이 카드
카드로 계산해도 될까요?

직원: Of course you can.
오브 콜스 유 캔
물론 됩니다.

전 이것으로 할게요.

I'll take this one.
아일 테익 디스 원

'나 이거 하나 사겠다, 나 이거 하나 먹겠다.'라고 말하고 싶을 때 딱 쓸 수 있는 표현이다. 따라서 쇼핑할 때, 밥 먹을 때 매번 쓸 수 있는 말이 **I'll ~.** 아일이다. 음식점에서 일단 메뉴를 보고 발음하기 어렵거나 상대방이 못 알아들었을 때, 손가락으로 가리키면서 **this** 디스(이것), 또는 1번 세트 메뉴를 가리키며 **number 1** 넘벌 원(1번)이라고 말하면 쉽다.

일부 음식점들의 경우 가게 앞이나 메뉴판에 사진이 같이 있어 주문하기가 편리하다. 서양 음식에 익숙하지 않은 사람이나 일요일에 음식점 문이 닫혀서 난감한 경우가 생긴다면 중국 음식점을 찾아보자. 대부분 어디에나 있고 항상 열려 있으며 가격도 저렴한 편이다. 그리고 무엇보다 한국인의 입맛에 잘 맞기 때문에 실패하는 경우가 드물다.

핵심 패턴 06

I'll ____.
나는 ____ 할게요.

*빈칸에 다양한 표현을 넣어 활용하세요.

★
현금으로 계산
pay in cash
페이 인 캐쉬

★
신용 카드로 계산
pay by
페이 바이
credit card
크레딧 카알드

할인권이랑 같이 계산
pay with a
페이 윗 어
discount voucher
디스카운트 바우철

버거
have a burger
해브 어 벌거

와인 한 잔
have a glass
해브 어 글래스
of wine
옵 와인

초콜릿 케이크
have a
해브 어
chocolate cake
차컬릿 케익

저 사람들이 먹는 것
have what
해브 왓
they're having
데얼 해빙

1번 세트 메뉴
have a number 1
해브 어 넘벌 원

★
에스프레소 샷 추가
have one extra
해브 원 엑스트라
espresso shot
에스프레소 샷

tip ★현금으로 계산할 때는 **in cash**라고 말하고 신용 카드로 계산할 때는 **by credit card, by visa**와 같이 말한다. ★어떤 것을 더 추가하고 싶을 때는 **extra**를 앞에 붙여서 말하면 된다.

Survival Dialogue
음식 주문

직원 **Are you ready to order?**
알 유 레디 투 오덜
주문하시겠습니까?

나 **Yes, I'll take the Fettuccine Alfredo.**
예스, 아일 테익 더 페투치니 알프레도
네, 저는 페투치니 알프레도(페투치니를 버터 · 치즈 · 크림에 버무려 맛을 낸 이탈리아 요리) 먹을 거예요.

And my friend will have the club steak.
앤 마이 프렌드 윌 해브 더 클럽 스테이크
그리고 제 친구는 소갈비 스테이크를 먹을 거예요.

직원 **How would you like your steak?**
하우 우 쥬 라익 유얼 스테이크
스테이크는 어느 정도 익힐까요?

친구 **Midium-well, please.**
미디엄 웰 플리즈
중간보다 더 익혀 주세요.

직원 **May I get you anything olse?**
메 아이 겟 츄 애니띵 엘스
다른 것 가져다 드릴까요?

나 **No, that's it. Thank you.**
노우 댓츠 잇 땡 큐
아니요, 괜찮아요. 감사합니다.

마요네즈 빼 주세요.

No mayo, please.
🔊 노우　　마요　　　플리즈

음료나 음식을 주문할 때 '~는 빼 주세요.'라고 말하고 싶을 때가 있을 것이다. 외국이라고 주눅 들지 말고 당당하게 요청해 보자. 그리고 더 달라고 말할 땐 **no** 노우 대신 **more** 모얼로 바꿔 말하면 된다. '소스 좀 더 주세요.'는 **More sauce, please!** 모얼 쏘스 플리즈, '빨대 좀 더 주세요.'는 **More straws, please!** 모얼 스트러즈 플리즈라고 말한다.

복숭아나 견과류, 해물, 우유 등에 알레르기가 있는 경우 **No, ~.**는 꼭 알아두어야 할 표현이다. **I'm allergic to eggs.** 아임 얼러직 투 에그즈는 '나는 달걀에 알레르기가 있다.'는 말이니 함께 덧붙여 말하면 상대방이 이해하기 쉬울 것이다. 종교적인 이유나 채식주의자이기 때문에 고기를 안 먹는 경우는 **I'm a vegetarian.** 아임 어 베지테리언이라고 이유를 설명할 수 있다.

핵심 패턴 **07**

No _____, please.

_____ 빼 주세요.

*빈칸에 다양한 표현을 넣어 활용하세요.

시럽 syrup 시럽	케첩 ketchup 케첩	얼음 ice 아이스
양파 onions 어니언즈	겨자 mustard 머스타드	소금 salt 쏠트
휘핑 크림 whipped cream 휩트 크림	치즈 cheese 치즈	계피가루 cinnamon power 시나몬 파우더
드레싱 dressing 드레싱	우유 milk 밀크	설탕 sugar 슈거

Survival Dialogue
패스트푸드점에서 주문하기

직원 Hi. May I take your order?
하이 메 아이 테익 큐어 오덜
안녕하세요. 주문하실래요?

나 Yes. I'll take number 1.
예스 아일 테익 넘벌 원
네. 1번 메뉴요.

No mayo, please.
노우 마요 플리즈
마요네즈 빼고요.

직원 Will that be all?
윌 댓 비 올
주문 끝나신 건가요?

나 Yes.
예스
네.

직원 Will that be for here or to go?
윌 댓 비 폴 히얼 오얼 투 고우
여기서 드실 건가요, 아니면 가져가실 건가요?

나 For here, please.
폴 히얼 플리즈
여기서 먹을 겁니다.

핵심 표현 08

너무 추워요.
It's too cold.
잇츠 투 코울드

숙소에서 방의 상태를 표현하거나 식당에서 음식의 상태를 표현하고 싶을 때 간단하게 말할 수 있는 표현이다. **too** 투를 넣으면 '너무 ~하다.'라는 뜻이니 상황에 따라 넣을 수도, 뺄 수도 있다. 방에서 **cold** 콜드라고 말하면 추운 것이고, 음식을 **cold** 콜드라고 말하면 차가운 것이다. 숙소가 **hot** 핫하면 더운 것이고, 음식이 **hot** 핫하면 뜨겁거나 매운 것이 된다. *it* 잇은 시간, 날씨, 명암, 거리 등을 설명할 때 손쉽게 쓸 수 있다. **It's 10 o'clock.** 잇츠 텐 어클락(지금 10시야.), **It's warm today.** 잇츠 웜 투데이(오늘 날씨 덥다.) 등과 같이 다양하게 표현할 수 있다.

핵심 패턴 08

It's too _____.
너무 _____ 해요.

*빈칸에 다양한 표현을 넣어 활용하세요.

더운	시끄러운	건조한
hot	**noisy**	**dry**
핫	노이지	드라이

매운	짠	싱거운
spicy	**salty**	**bland**
스파이시	쏠티	블랜드

탄	단	기름진
burnt	**sweet**	**greasy**
번트	스윗	그리시

작은	비싼	더러운
small	**expensive**	**dirty**
스몰	익스펜시브	더리

Survival Dialogue
택시 타기

나 Hello. Take me to this address, please.
헬로우 테익 미 투 **디스** 어드뤠스 플리즈
안녕하세요. 이 주소로 가 주세요.

기사 Okay.
오케이
알겠습니다.

나 Could you turn on the air conditioning?
쿠 쥬 턴 온 디 에얼 컨디셔닝
It's too warm, today.
잇츠 **투** **웜** 투데이
에어컨 좀 틀어주실래요? 오늘 너무 덥네요.

기사 Sure.
슈얼
알겠습니다.

나 How long does it take to get there?
하우 **롱** 더즈 잇테익 투 **겟** 데얼
가는 데 얼마나 걸리나요?

기사 **It's 15 kilometers left from here.**
잇츠 **피프틴** 킬로미털즈 **레**프트 프롬 **히**얼
여기서 15킬로미터 남았어요.

It'll take around 20 minutes.
잇일 테익 어라운드 트웬티 **미**닛츠
대략 20분 정도 걸릴 거예요.

어디서 티켓을 살 수 있나요?
Where can I buy a ticket?
🔊 웨얼 캐 나이 **바**이 어 **티**켓

대도시의 큰 역에서는 기차표를 사기 위한 창구를 찾기 힘들거나 표를 샀다 하더라도 어느 승강장에서 타야 하는지 몰라 어려움을 겪을 수 있다. 이렇듯 낯선 곳에서 정보를 얻을 장소를 묻고 싶을 때 쓸 수 있는 표현이 바로 **Where can I ~?** 웨얼 캐 나이이다. **Where is ~?** 웨얼 이즈는 장소 자체를 묻는 표현인 반면에 **Where can I ~?** 웨얼 캐 나이는 '내가 어디에서 ~을 할 수 있나요?'라는 뜻이니, 말하는 이의 목적이나 의도를 포함한다. 따라서 상대방이 내가 말하는 목적을 안다면 좀 더 정확하게 답을 해줄 수 있을 것이다. 유명 관광지의 경우 입장권을 구입하기 위해 줄을 길게 서는 데다가 입장 전 소지품 검사를 하는 곳도 있어 관람도 하기 전에 지칠 수 있다. 이런 경우에 대비하여 미리 온라인으로 예매를 할 수 있는지 확인하면 도움이 된다.

핵심 패턴 09

Where can I ⬚?
어디에서 ⬚ 할 수 있어요?

*빈칸에 다양한 표현을 넣어 활용하세요.

환전 **change money** 체인지 머니	아침식사 **have breakfast** 해브 브랙퍼스트	전통음식 먹기 **eat some** 잇 썸 **traditional food** 트레디셔널 푸드
지하철표 구매 **buy a subway** 바이 어 서브웨이 **ticket** 티켓	B라인으로 환승 **transfer to the** 트랜스퍼 투 더 **B line** B 라인	시청행 버스 **take a bus to** 테익 어 버스 투 **City Hall** 씨티 홀
택시 타기 **get a taxi** 겟 어 택시	셔틀 버스 타기 **get a shuttle bus** 겟 어 셔틀 버스	시간표 보기 **see the timetable** 씨 더 타임테이블
환불 받기 **get a refund** 겟 어 리펀드	시내 지도 얻기 **get a city map** 겟 어 시티 맵	짐 찾기 **pick up my** 픽 업 마이 **baggage** 배기지

Survival Dialogue
표 구입하기

나

Where can I buy a ticket?
웨얼 캐 나이 **바**이 어 **티**켓
티켓은 어디서 사나요?

시민

You may stand in line here.
유 **메**이 스탠 인 라인 **히**얼
여기 줄을 서면 됩니다.

나

Two adults and one child, please.
투 **애**덜츠 앤 원 **차**일드 플리즈

How much in total?
하우 **머**치 인 **토**탈
어른 2장, 어린이 1장 주세요. 전부 얼마예요?

직원

Thirty seven dollars.
떠리 세븐 **달**러즈
37달러입니다.

Here are your tickets.
히얼 알 유얼 **티**켓츠
티켓 여기 있습니다.

핵심 표현 10

이거 어떻게 쓰는 거예요?
How can I use this?
🔈 하우　캔　아이　유즈　디스

무언가를 하는 방법을 물을 때 쓰는 표현이다. 숙소에서 시설물에 관해 물을 때나 차 렌트 시 작동 방법을 알고 싶을 때, 또 생소한 물건의 이용 방법을 모를 때 이렇게 말해 보자. 물건을 현지에서 구입할 때 영어가 짧다는 이유로 대충 샀다가 우리나라로 돌아와서 쓰는 방법을 몰라서 한참 동안 어려움을 겪는 경우가 종종 있다. 미리 물건을 살 때 이것저것 최대한 구체적으로 물어보고 고장 났을 때 애프터서비스(**Warranty Service** 워런티 서비스)를 받을 수 있는지까지 따져봐야 탈이 없다.
한편 어떤 장소를 어떻게 가는지 교통편을 물을 때는 **How can I get to ~?** 하우 캔 나이 겟 투라고 물어보면 된다.

핵심 패턴 10

How can I ____?
어떻게 ____ 할 수 있어요?

*빈칸에 다양한 표현을 넣어 활용하세요.

문 잠그기 **lock the door** 락 더 도얼	커피 머신 사용 **use the coffee machine** 유즈 더 커피 머신	영어로 이 말 **say this in English** 세이 디스 인 잉글리쉬
★ 42번 거리 도착 **get to 42nd Street** 겟 투 포리세컨 스트릿	마트 가기 **get to a grocery store** 겟 투 어 그로써리 스토얼	바닷가에 가기 **get to the beach** 겟 투 더 비치
세인트 폴 성당 가기 **get to St. Paul's Cathedral** 겟 투 세인트 폴즈 커띠드럴	세금 환급 받기 **get a tax refund** 겟 어 택스 리펀드	모닝콜 받기 **get a wake up call** 겟 어 웨이크 업 콜

> **tip** ★미국의 도로는 바둑판처럼 되어 있어 길을 찾기 쉽다. **avenue**는 보통 남북으로 뻗은 큰 도로를, **street**은 동서로 뻗은 작은 도로를 의미한다. **boulevard**는 가로수가 양쪽에 있는 넓은 도로이며 **drive**는 주택가 도로, **lane**은 골목길을 가리킨다.

Survival Dialogue
물건 사용법 묻기

나 How can I use this washing machine?
하우 캔 아이 유즈 디스 워싱 머신
이 세탁기 어떻게 사용하나요?

주인 You may just press this button.
유 메이 져스트 프레스 디스 버튼.
이 버튼만 누르면 됩니다.

나 How can I lock the door?
하우 캔 아이 락 더 도어
문은 어떻게 닫나요?

주인 Here is the key.
히얼 이즈 더 키.
여기 열쇠가 있습니다.

I will show you how it works.
아 윌 쇼우 유 하우 잇 웍스
어떻게 사용하는지 알려드릴게요.

나 Can I use salt or oil?
캔 아이 유즈 쏠트 오일 오일
소금이나 오일 써도 되나요?

⇨ 다음 쪽에서 대화 계속

주인 Of course, you can.
오브 콜스 유 캔
물론 써도 됩니다.

You may use all the basics. Help yourself!
유 메이 유즈 올 더 베이직스 헬프 유어셀프
기본적인 것들은 모두 쓸 수 있어요. 맘껏 쓰세요.

나 How can I get to central London?
하우 캐 나이 겟 투 센트럴 런던
센트럴 런던에 어떻게 갈 수 있나요?

주인 This flat is a 15 minute walk from Kennington tube station.
디스 플랫 이즈 어 피프틴 미닛 웍 프롬 케닝턴 튜브 스테이션
이 아파트는 케닝턴 역에서 걸어서 15분 거리에요.

You can use the tube.
유 캔 유즈 더 튜브
지하철을 탈 수도 있어요.

It is just a few stops to central London.
잇 이즈 저스트 어 퓨 스탑스 투 센트럴 런던
센트럴 런던까지 몇 정거장밖에 안돼요.

Tax Refund 택스리펀드란 현지에서 구매한 물품에 대한 부가가치세의 일정 금액을 환급해 주는 것이다. **Tax free** 택스프리라고 적혀 있는 상점에서 구매한 물품은 택스리펀드가 가능하나 영수증과 환급증명서가 있어야 한다. 택스리펀드를 실시하는 국가는 동유럽 일부를 제외한 유럽 국가들과, 캐나다와 싱가포르 등이 있으며, 미국과 중국, 일본, 영국은 텍스리펀드가 없다. 출국하는 국가의 세관에서 여권, 보딩패스, 환급 증명서, 구매 영수증, 구입한 물품을 제출하고 세관원의 확인(스탬프)을 받아야 한다. 수수료 공제(10% 정도) 후 현금으로 바로 돌려받는 경우와 세관원의 확인을 받은 환급 증명서에 카드번호를 적어 나중에 카드계좌로 환급되는 경우가 있다. 나라마다 택스리펀드 금액과 세율이 다르고 최소 구매금액과 환불 최대 금액이 다르므로 미리 알아보고 가는 것이 좋다.

딱 필요한
핵심 표현
11 >> 20

◀ **세계 관광 명소** PARC GUELL

구엘 공원은 스페인이 자랑하는 건축가 안토니 가우디의 대표작이다.
지중해와 바르셀로나 시내가 한눈에 내려다보이는 이곳은
가우디의 상상력과 창의적인 세계, 자연과 인간을 배려한 마음이
가득 담긴 곳이다.

핵심 표현
11

지갑 좀 보여 주세요.

Show me some wallets.
🔊 쇼우　　미　　썸　　왈릿츠

Show me ~. 쇼우 미는 쇼핑할 때 원하는 물건을 좀 보여 달라고 점원에게 말하는 표현이다. 물건을 고를 때 한 가지만 보고 고르는 경우는 많지 않으므로 **some** 썸을 물건 앞에 붙여서 여러 가지를 보여 달라는 뉘앙스를 전달한다. **some** 썸 다음에 오는 명사는 복수로 표현하는 것이 자연스럽다. **I'm looking for ~.** 아임 룩킹 포(나는 ~을 찾고 있다.)와 같은 맥락이다. 해외에서 옷이나 신발을 구입할 때는 치수 표시가 다르니 꼭 착용해 보고 구입하는 것이 안전하다. 1인치는 2.54cm, 1피트는 30.48cm이며, 여자 신발 240의 경우 미국은 7사이즈이다. (75쪽 참고) 또한, '그냥 구경하는 거예요.'라고 말하고 싶으면 **I'm just looking around.** 아임 저스트 룩킹 어라운드나 **I'm just browsing.** 아임 저스트 브라우징이라고 말하면 된다.

핵심 패턴 11

Show me some ☐.
☐ 좀 보여 주세요.

*빈칸에 다양한 표현을 넣어 활용하세요.

향수 **perfumes** 펄퓸즈	★ 토트 백 **tote bags** 토트 백스	어깨 가방 **shoulder bags** 쇼울더 백스
반바지 **shorts** 쇼얼츠	손목시계 **watches** 왓치즈	립스틱 **lipsticks** 립스틱스
스카프 **scarves** 스카브즈	후드 티 **hoodies** 후디즈	파자마 **pajamas** 파자마즈

tip ★가방은 모양에 따라 이름이 여러 가지이므로 원하는 가방의 이름을 알고 있으면 쇼핑하기 수월하다. (69쪽 참조)

장갑 **gloves** 글로브즈	치마 **skirts** 스커츠	가디건 **cardigans** 칼디건즈
재킷 **jackets** 재킷츠	바지 **pants** 팬츠	스웨터 **sweaters** 스웨터즈
넥타이 **neckties** 넥타이즈	벨트 **belts** 벨츠	양말 **socks** 싹스
모자 **hats** 햇츠	샌들 **sandals** 샌들즈	운동화 **sneakers** 스니커즈
청바지 **jeans** 진즈	원피스 **dresses** 드레시즈	정장 **suits** 수츠

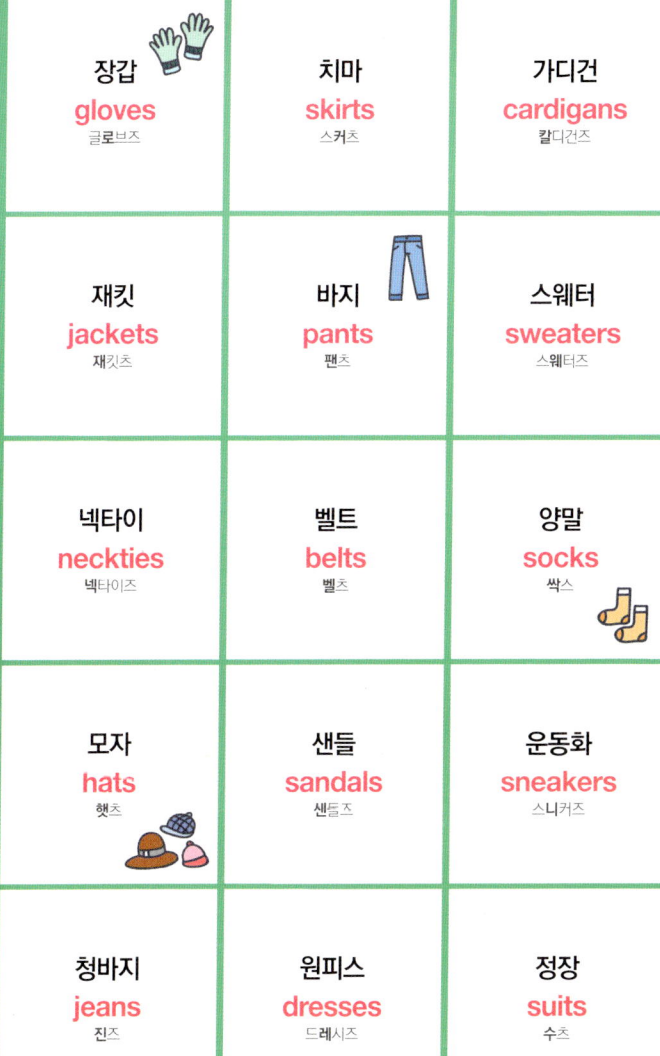

Survival Dialogue
면세점에서 쇼핑하기

직원: What can I do for you?
왓 캔 아이 두 폴 유
어떻게 도와 드릴까요?

나: I'm looking for a gift for my family.
아임 룩킹 폴 어 기프트 폴 마이 패밀리
가족을 위한 선물을 찾고 있어요.

직원: What about perfume?
왓 어바웃 펄퓸
향수 어떠세요?

나: Sounds good. Show me some perfumes.
사운즈 굿 쇼우 미 썸 펄퓸즈
좋을거 같네요. 향수 좀 보여 주세요.

I like this one. Can I get this perfume?
알 라익 디스 원 캔 아이 겟 디스 펄퓸
저 이게 맘에 들어요. 이 향수 한 병 주시겠어요?

직원: Show me your passport and boarding pass, please.
쇼우 미 유얼 패스폴트 앤 보딩 패스 플리즈
여권과 항공권 보여 주세요.

나: Here you are. I'll pay by card.
히얼 유 알 아일 페이 바이 칼드
여기 있습니다. 계산은 카드로 할게요.

직원: Here it is. Don't unwrap the plastic until the arrival.
히얼 잇 이즈. 돈 언랩 더 플라스틱 언틸 디 어라이벌.
여기 있습니다. 비닐 포장 뜯지 마시고 도착지까지 가져가세요.

알아 둡시다
가방의 종류

duffle bag / boston bag
더플 백 / 보스턴 백
원통형의 간단한 여행용 가방

tote bag
토트 백
어깨에 메거나 팔에 걸치는 작은 가방

clutch bag
클러치 백
어깨끈이 없이 간단하게 들고
다닐 수 있는 가방

shoulder bag
쇼울더 백
어깨에 멜 수 있는 가방

hobo bag
호보 백
반달 모양의 처진 가방

satchel bag
새철 백
핸드백과 서류가방을 결합한 형태

briefcase
브리프 케이스
서류 가방

영수증 좀 주시겠어요?

Can I get a receipt?
캔 아이 겟 어 리씨잇

Can I get ~? 캔 아이 겟은 '내가 ~를 얻을 수 있을까요?'라는 뜻이다. 따라서 요구하고 싶은 사항이 있을 때 '저 ~ 좀 주시겠어요?'라는 뉘앙스로 표현된다. 기내에서, 호텔에서, 식당에서 활용할 수 있는 단어들을 주로 알아 가면 당황하지 않고 많이 쓸 수 있다.

영수증을 챙기고 싶다면 계산할 때 미리 점원에게 말하는 것이 좋고, 현금으로 계산할 경우 잔돈을 잘못 거슬러 주는 경우도 있으니 주의하도록 하자. 미국이나 캐나다 등지에서 팁을 주는 경우 일반적으로 전체 가격의 10~20%를 준다. 이탈리아는 자릿세 개념이 있어 가게에 앉아서 주문하면 음식을 가지고 나갈 때보다 더 비싼 가격을 내야 한다. 이집트나 카타르 등 중동 지역도 팁 문화가 존재하므로 여행 갈 나라의 팁 문화를 미리 알고 가면 도움이 된다.

핵심 패턴 **12**

Can I get _____?

저 _____ 좀 주시겠어요?

*빈칸에 다양한 표현을 넣어 활용하세요.

물티슈 **a wet tissue** 어 왯 티슈	물수건 **a damp towel** 어 댐프 타월	추가 수건 **extra towels** 엑스트라 타월즈
토마토 주스 **some tomato juice** 썸 토메이토 주스	견과류 **some nuts** 썸 넛츠	반창고 **a band-aid** 어 밴데이드
멀미 봉지 **an airsickness bag** 언 에얼씨크니스 백	입국 신고서 **an entry card** 언 엔트리 칼드	세관 심사 서류 **a customs form** 어 커스텀스 포엄

위스키 한 병 **a bottle of** 어 바틀 업 **whiskey** 위스키	담배 한 보루 **a carton of** 어 칼튼 업 **cigarettes** 시거렛츠	내 방 열쇠 **my room key** 마이 룸 키
호텔 명함 **a hotel** 어 호텔 **business card** 비즈니스 칼드	설탕 **some sugar** 썸 슈거	후추 **some pepper** 썸 페퍼
★ 생맥주 **draft beer** 드래프트 비어	병맥주 **bottled beer** 바틀드 비어	캔맥주 **canned beer** 캔드 비어
청량음료 **a soft drink** 어 소프트 드링크	비닐 백 **some plastic** 썸 플래스틱 **bags** 백스	남은음식 싸가기 **my leftovers** 마이 레프트오벌스 **to go** 두 고우

> **tip** ★세계 4대 맥주 축제에는 독일 뮌헨 옥토버 페스트(9월 말~10월 2주간), 일본 삿포로 맥주 축제(7월 중순~8월 중순), 칭다오 세계 맥주 축제(8월 중순~9월 초), 체코 필스너 페스트(8월 말~9월 초)가 있다.

Survival Dialogue
환불하기

나: Hello. **Can I exchange this shirt for a bigger one?**
헬로우 캔 아이 익스체인지 디스 셜트 폴 어 비걸 원
안녕하세요. 이 셔츠를 큰 사이즈로 교환할 수 있나요?

직원: Do you have a receipt?
두 유 해브 어 리씨잇
영수증 있으신가요?

나: Yes. Here it is.
예스 히얼 잇 이즈
네. 여기 있습니다.

직원: Wait a minute. I'll check if we have that size.
웨잇 어 미닛 아일 첵 잎 위 해브 댓 사이즈
잠시만 기다려주세요. 있는지 확인해 볼게요.

Sorry. The item is out of stock in a bigger size, now.
쏘리 디 아이름 이즈 아웃 오브 스탁 인 어 비걸 사이즈 나우
죄송합니다. 그 제품은 더 큰 사이즈가 현재 없습니다.

나: **Can I get a refund then?**
캔 아이 겟 어 리펀드 덴
그럼 환불해 주실 수 있나요?

직원: Okay. We'll give you your money back.
오케이 위일 기브 유 유어 머니 백
알겠습니다. 환불해 드리겠습니다.

나라별 신발 사이즈

한국	미국	프랑스	이탈리아	영국	일본
220	5	36	35	3	22
225	5.5	36.5	35.5	3.5	22.5
230	6	37	36	4	23
235	6.5	37.5	36.5	4.5	23.5
240	7	38	37	5	24
245	7.5	38.5	37.5	5.5	24.5
250	8	39	38	6	25
255	8.5	39.5	38.5	6.5	25.5
260	9	40	39	7	26
265	9.5	40.5	39.5	7.5	26.5

핵심 표현 13

3시까지 짐 좀 맡아 줄 수 있나요?

Could you keep my baggage until 3 p.m.?

 쿠 쥬 킵 마이 배기지 언틸 뜨리 피 엠

상대방에게 무언가를 부탁할 때 쓸 수 있는 표현이 Could you ~? 쿠 쥬이다. 여행 첫날과 마지막 날은 짐 때문에 고민인 경우가 많다. 호텔의 체크인 시간은 보통 오후 2~3시, 체크아웃 시간은 오전 11~12시인데, 호텔에 일찍 도착하였거나 비행기 탑승 시간이 많이 남은 경우 무거운 짐을 끌고 다녀야 하기 때문이다. 이럴 때 호텔에 물어보고 짐 맡기기를 부탁해 보자. 호텔 대부분이 손님의 짐을 맡아 주기 때문에 나중에 되찾을 때 필요한 표만 잘 간수하면 편하게 돌아다닐 수 있다. 런던의 경우는 Excess Baggage Company 엑세스 배기지 컴퍼니에서 운영하는 짐 보관소가 지하철역 근처에 있으니 시내 중심부인 Charing Cross 채링 크로스역 지점에 짐을 맡기고 런던 시내를 돌아다니다가 다시 짐을 찾아 히스로 공항까지 갈 수 있다. 거의 모든 대도시에는 짐 보관소가 있으니 확인하고 이용해 보자.

핵심 패턴 13

Could you ?

좀 해 주실래요?

*빈칸에 다양한 표현을 넣어 활용하세요.

할인 **give me** 기브 미 **a discount** 어 디스카운트	선물 포장 **wrap this** 랩 디스 **as a gift** 에즈 어 기프트	이것을 유로로 환전 **change this** 체인지 디스 **into Euros** 인투 유로즈
우리 사진 찍기 **take a picture** 테익 커 픽쳐 **for us** 폴 어스	좋은 곳 추천 **recommend** 레커맨드 **a good place** 어 굳 플레이스	테이블 정리 **clear the table** 클리어 더 테이블
자리 바꿈 **change seats** 체인지 씻츠	다시 한 번 말씀 **say that again** 세이 댓 어겐	좌석을 바로세우기 **put your seat** 풋 요얼 씻 **upright** 업라잇
내일 모닝콜 **give me a wakeup** 깁 미 어 웨이컵 **call tomorrow** 콜 투마로우	숙박료 계산 **check my room** 첵 마이 룸 **charge** 차알쥐	하는 방법 알려주기 **tell me** 텔 미 **how to do it** 하우 투 두 잇

Survival Dialogue
호텔 체크아웃하기

나: I'd like to check out.
아이드 라익 투 첵 까웃
체크아웃하려고 합니다.

직원: Okay. Your room key, please.
오케이 유어 룸 키 플리즈
네. 객실 열쇠 반납해 주세요.

나: Here you are.
히얼 유 알
여기 있습니다.

나: By the way, could you keep my baggage until 3 p.m.?
바이 더 웨이 쿠 쥬 킵 마이 배기지 언틸 쓰리 피 엠
그런데, 혹시 3시까지 짐 좀 맡아 줄 수 있을까요?

직원: We can keep your baggage in the cloak room.
위 캔 킵 유얼 배기지 인 더 클락 룸
클라크룸(휴대품 보관소)에서 보관 가능합니다.

나: Thank you. I'll be back in 4 hours.
땡 큐 아일 비 백 인 포 아우얼즈
감사합니다. 4시간 이내에 다시 오겠습니다.

직원: I see. Here's your baggage tag.
아이 씨 히얼즈 유얼 배기지 텍
알겠습니다. 여기 위탁수하물표가 있습니다.

관광하러 왔어요.

I'm here for sightseeing.

아임 **히**얼 폴 **싸**잇씽

비행기에서 내려 입국심사(**Immigration** 이미그래이션)를 하기 위해서 줄을 서게 된다면 어떤 것을 물을지 괜히 긴장하기 마련이다. 그러나 보통은 아무 말 없이 여권과 항공권, 입국 신고서만 내밀어도 도장을 찍어 주고 패스이다. 혹시나 말을 건다면 여기 온 목적이 무엇인지 며칠 있는지 정도만 물으니 걱정하지 말자. 입국 심사대를 빠져나오면 수하물 찾는 장소(**Baggage Claim Area** 배기지 클래임 에리어)에 가서 짐을 찾는다. 찾은 짐은 미국의 경우 통관수속(**Customs Clearance** 커스텀스 클리어런스)을 받게 되는데 직원에게 여권과 세관 신고서를 제시하고 수하물 검사를 받으나, 특별한 사항이 없으면 비과세 대상용 녹색 검사대로 가면 된다. 신고할 것이 있거나 큰 화물을 가지고 있으면 빨간 줄 쪽으로 가서 화물검사를 받으면 된다.

핵심 패턴 14

I'm _____.
나는 _____ 이다.

*빈칸에 다양한 표현을 넣어 활용하세요.

휴가 중	사업 차	친구를 만날 예정
here on vacation 히얼 온 베이케이션	**here on business** 히얼 온 비지니스	**here to visit** 히얼 투 비짓 **my friend** 마이 프렌드
일주일간 머물 것	3일간 머물 것	★ 호텔에 머물 것
going to stay 고잉 투 스테이 **for a week** 폴 어 윅	**going to stay** 고잉 투 스테이 **for three days** 폴 뜨리 데이즈	**going to stay** 고잉 투 스테이 **at a hotel** 앳 어 호텔
친척집에 머물 것	뉴욕에 갈 것	약국을 찾는 중
going to stay at 고잉 투 스테이 앳 **my relatives** 마이 렐러티브즈	**going to** 고잉 투 **New York** 뉴욕	**looking for** 루킹 폴 **a drugstore** 어 드럭스토어

tip ★ 호텔이 아닌, Air BnB를 통해 현지인의 빈 집에서 묵게 된다면 입국 심사 시 굳이 설명할 필요 없이, 친구 집에 머문다고 하면 된다.

Survival Dialogue
입국심사 통과하기

직원 What's the purpose of your visit?
왓츠 더 펄포즈 오브 유어 비짓
방문 목적이 무엇입니까?

나 I'm here for sightseeing.
아임 히얼 폴 싸잇씽
관광하러 왔어요.

직원 How long will you be staying?
하우 롱 윌 유 비 스테잉
얼마나 머물 예정입니까?

나 I'm going to stay for a week.
아임 고잉 투 스테이 폴 어 윅
나는 일주일간 머물 예정입니다.

직원 Where are you going to stay?
웨얼 알 유 고잉 투 스테이
어디에 머무르실 겁니까?

나 I'm going to stay at my friend's house in New York.
아임 고잉 투 스테이 엣 마이 프렌즈 하우스 인 뉴욕
뉴욕에 있는 친구 집에 머무를 겁니다.

핵심 표현 15

제 짐을 못 찾겠어요.
I can't find my luggage.

 아이 **캔트** 파인 마이 **러**기지

I can't ~. 아이 캔트는 '나는 ~를 못하겠다.'라는 뜻으로 **I don't know how to ~** 아이 돈 노우 하우 투와 같은 맥락이다. ~하는 방법을 알려달라는 뜻으로 볼 수 있다. 커다란 짐 가방은 영국 영어에서 보통 **luggage** 러기지를 쓰고, 기내로 가지고 들어가는 짐 가방은 **baggage** 배기지를 쓴다. 미국 영어에서는 대개 **baggage** 배기지를 쓴다.

드디어 목적지에 도착해서 수하물 찾는 곳으로 갔다. 다른 사람들 짐은 하나둘씩 나오는데 내 짐만 못 찾겠다면 불안감은 엄습해 올 것이다. 결국 끝까지 못 찾았다면 **Claim Tag** 클래임 택을 소지하고 **baggage office** 배기지 어피스로 가면 된다. 분실신고서 작성 후 **Reference Number** 레퍼런스 넘버를 받고 나서 숙소로 가면 호텔로 짐이 배달된다. 문제는 가방에 든 물건 없이 그동안 지내는 일일 것이다. 항공사에서 가방이 돌아올 때까지 쓸 수 있는 간단한 생필품을 제공하기도 하므로 너무 실망하지 말고 여행을 즐기도록 하자.

핵심 패턴 **15**

I can't ☐.
나는 ☐를 못 하겠어요.

*빈칸에 다양한 표현을 넣어 활용하세요.

불 켜기 **turn on the light** 턴 온 더 라잍	히터 끄기 **turn off the heater** 턴 오프 더 히털	문 열기 **open the door** 오픈 더 도얼
★ 금고 열기 **open the safe** 오픈 더 세잎	창문 닫기 **close the window** 클로즈 더 윈도우	에어컨 사용 **use the air conditioner** 유즈 디 에어 컨디셔너
자판기 이용 **use the vending machine** 유즈 더 벤딩 머신	정지 버튼에 닿기 **reach the stop button** 리치 더 스탑 버튼	와이파이 사용 **get Wi-Fi** 겟 와이파이

tip ★숙소에 금고가 있는 경우가 많으니 사용법을 알아 두고 귀중품을 보관하면 편리하다. 보통 리셋버튼을 누른 후 비밀번호 누르고 별표(*)하면 잠기고 비밀번호를 누르면 열린다.

Survival Dialogue
수하물 분실 시

나: **I can't find my luggage at the baggage claim.**
아이 캔트 **파**인 마이 **러**기쥐 앳 더 **배**기지 클래임
수하물 찾는 곳에서 제 물건을 찾지 못 했어요.

What should I do?
왓 슈 다이**두**
어찌해야 하나요?

직원: Do you have the claim tag for it?
두 유 **해**브 더 클래임 **택** 폴 잇
수화물 표 가지고 계신가요?

나: Yes, I do. Here you are.
예스 아이 **두** 히얼 유 알
네, 있어요. 여기요.

직원: Please, fill out this form.
플리즈 필 **아**웃 디스 폼
이 서류를 작성해 주세요.

나: Sure. The form is completed.
슈얼 더 **폼** 이즈 컴플**릿**티드
네. 작성했습니다.

직원: Thank you. When your bag arrives,
땡 큐 웬 유얼 **백** 어라이브즈
we will deliver it to your local address.
위 일 딜**리**벌 잇투 유얼 **로**컬 어드레스
감사합니다. 가방이 도착하면 머물고 계신 곳으로 배달해 드리겠습니다.

언제 문을 여나요?

What time do you open?
왓 타임 두 유 오픈

여행하다 보면 상점은 몇 시에 문을 여는지, 공연은 몇 시부터 시작하는지 물어보고 싶을 때가 있을 것이다. 이런 경우 가장 쉽게 생각할 수 있는 표현이 what time ~? 왓 타임이다. what time 왓 타임 대신 when 웬으로 바꿔 써도 된다. 외국 상점의 경우 우리나라와는 다르게 생각보다 일찍 문을 닫는 곳도 많다. 문 여는 시간도 늦고 문 닫는 시간도 이를 수 있으니 미리 알아두고 이용해야 한다. 유럽의 웬만한 상점은 주말에 문을 닫으며 스페인의 작은 상점들은 시에스타(낮잠 시간)라고 해서 2시부터 5시 사이에 문을 닫는다. 미국의 경우, 블랙프라이데이(추수감사절 바로 다음 날)에는 0시부터 일찍 오픈하는 상점도 있어 미리 시간을 체크하면 쇼핑에 도움이 된다.

핵심 패턴 16

What time ▢ ?
몇 시에 ▢ 해요?

*빈칸에 다양한 표현을 넣어 활용하세요.

폐점	아침식사 시작	공연 시작
do you close 두 유 클로즈	**does breakfast start** 더즈 브랙퍼스트 스탈트	**does the show begin** 더즈 더 쇼우 비긴

★ 탑승 시작	버스 출발	체크아웃
does boarding begin 더즈 볼딩 비긴	**does the bus leave** 더즈 더 버스 리브	**should I check out** 슈 다이 체크 아웃

출발	도착	로마행 마지막 버스
is the departure 이즈 더 디팔쳐	**is the arrival** 이즈 디 어라이벌	**is the last bus to Rome** 이즈 더 래스트 버스 투 롬

tip ★ 경유하는 시간이 제법 긴 경우는 갈아타는 비행기의 탑승 시작 시간을 미리 정확히 체크하고 경유지에서 시간을 보내야 게이트 앞에 늦지 않게 갈 수 있다.

Survival Dialogue
호텔 조식 이용 묻기

나
What time does breakfast start?
왓 타임 더즈 브랙퍼스트 스탈트
아침식사는 몇 시에 시작하나요?

직원
Breakfast is served from 7 to 10 a.m. on weekdays
브랙퍼스트 이즈 썰브드 프럼 세븐 투 텐 에이엠 온 윅데이즈
and from 9 to 11 on weekends.
앤 프럼 나인 투 일레븐 온 윅켄즈
평일에는 오전 7시에 시작해서 10시에 끝나고, 주말에는 오전 9시에 시작해서 11시에 끝납니다.

나
Where can I have breakfast?
웨얼 캔 아이 해브 브랙퍼스트
어디서 먹을 수 있나요?

직원
It's served at the café next to the lobby.
잇츠 썰브 댓 더 카페 넥스 투 더 라비
1층 로비 옆에 있는 카페로 오시면 됩니다.

나
Do I have to make a reservation?
두 아이 햅 투 메이 커 레절베이션
미리 예약해야 이용할 수 있나요?

직원
No, you don't have to.
노우 유 돈 해브 투
아니요, 그럴 필요 없습니다.

몇 층에 스파가 있죠?

Which floor has the spa?
위치 플로어 해즈 더 스파

what 왓과 which 위치는 의문사로 쓰였을 때 둘 다 '무엇'이라는 의미이다. 다만 쓰임에 있어서 what 왓이 막연하게 무엇인지 모를 때 쓰는 표현인 반면 which 위치는 뭔가 구체적인 대상의 범위가 정해져 있거나 선택지가 있을 때 쓰인다.

외국의 층수 표시는 우리나라와 다른 경우가 있다. 아시아나 미국, 캐나다 등지에서는 1층을 first floor 펄스트 플로어 또는 ground floor 그라운드 플로어라고 하고 2층부터 second floor 쎄큰 플로어로 우리나라와 같은 반면 영국을 포함한 유럽의 경우 1층이 ground floor 그라운드 플로어(지상층)이고 2층부터 first floor 펄스트 플로어(1층)가 된다. 따라서 유럽에서의 5층은 우리나라 기준으로 6층이다.

핵심 패턴 17

Which _____?
_____는 어디에 있어요?

*빈칸에 다양한 표현을 넣어 활용하세요.

★ 로비 버튼 **one is the** 원 이즈 더 **lobby button** 라비 버튼	2번 출구 가는 길 **way is Gate 2** 웨이 이즈 게잇 투	쇼핑몰 가는 버스 **bus goes to** 버스 고우즈 투 **the mall** 더 몰
수영장 있는 층 **floor has the** 플로어 해즈 더 **swimming pool** 스위밍 풀	브로드웨이로 가는 노선 **line goes to** 라인 고우즈 투 **Broadway** 브로드웨이	갈아타야할 버스 **bus should I** 버스 슈 다이 **transfer to** 트랜스퍼 투
가야할 길 **way should I go** 웨이 슈 다이 고우	만날 출구 **exit should** 엑싯 슛 **we meet** 위 밑	북쪽 길 **way is North** 웨이 이즈 놀쓰

tip ★유럽에서는 우리가 생각하는 1층이나 로비를 뜻하는 엘리베이터 버튼이 0, G, L 등으로 표시 되어 있어 헷갈릴 수 있다.

Survival Dialogue
호텔에서 위치 묻기

나: **On which floor is my room?**
온 위치 플로얼 이즈 마이 룸
제 방 몇 층이에요?

직원: **On the seventh floor.**
온 더 세븐뜨 플로어
7층입니다.

Please use the elevator over there.
플리즈 유즈 디 엘리베이터 오버 데얼
저 쪽에 있는 엘리베이터를 이용하세요.

나: **Which floor has the spa, by the way?**
위치 플로어 해즈 더 스파 바이 더 웨이
그런데 몇 층에 스파가 있죠?

직원: **The spa is on the 19th floor.**
더 스파 이즈 온 더 나인틴뜨 플로어
스파는 19층에 있습니다.

나: **Thank you.**
땡 큐
감사합니다.

직원: **Enjoy your time.**
인조이 유얼 타임
즐거운 시간 보내세요.

 unit 18

핵심 표현
18

드라이어가 고장이에요.

The dryer is not working.
더 드**라**이어 이즈 낫 **월**킹

호텔 방에서 뭔가 고장 났거나, 숙소 시설물에 이상이 있을 때 호텔 로비로 전화해서 고장 난 사실을 알리거나 숙소 주인에게 고장 난 것을 고쳐 달라고 요청할 수 있다. 이럴 때 쓸 수 있는 표현이 **~ is not working.** 이즈 낫 월킹이다. 여기서 **work** 웍은 '작동하다'라는 뜻으로 기계 등이 제대로 기능하지 않을 때 쓰면 유용하다. 이미 짐을 풀어버리고 난 후엔 다시 싸는 것은 번거로운 일이니 숙소에 체크인한 후 혹시 방을 바꿀 경우에 대비하여 들어서자마자 바로 에어컨, 전등 등의 시설물을 확인하는 것이 좋다.

핵심 패턴 18

The _____ is not working.

_____이 고장이에요.

*빈칸에 다양한 표현을 넣어 활용하세요.

텔레비전 **TV** 티비	에어컨 **air conditioner** 에어 컨디셔너	리모컨 **remote control** 리못 컨트롤
냉장고 **refrigerator** 리프리저레이터	전등 **light** 라이트	세탁기 **washing machine** 워싱 머신
샤워기 **shower hose** 샤워 호스	★ 변기 **toilet** 토일렛	수도꼭지 **faucet** 퍼싯

tip ★변기가 막혔다는 표현은 **The toilet is clogged.**이고, 소위 뚫어뻥이라 불리는 압축기는 **plunger**이다.

Survival Dialogue
고장 난 것 해결하기

나

Hello, I'm Jeong staying in the room 1205.
헬로우 아임 **정** 스테잉 인 더 **룸 트웰브오파**이브
안녕하세요. 저는 1205호에 묵고 있는 정입니다.

I'm calling you because the air conditioner is
아임 **컬**링 유 비커즈 디 **에**어 컨**디**셔너 이즈
not working.
낫 **월**킹
에어컨이 제대로 작동하지 않아서 전화했어요.

Can you fix it now?
캔 유 **픽**스 잇 **나**우
지금 고쳐 주실 수 있나요?

직원

I'm sorry but we don't think it's available
암 **쏘**리 벗 위 **돈** **띵**크 잇츠 어**베**일러블
until tomorrow afternoon.
언틸 투마로우 에프터**눈**
죄송하지만 내일 오후까지는 안 될 것 같습니다.

나

Is it possible to change the room then?
이즈 잇 **파**써블 투 **체**인지 더 **룸** **덴**
그러면 방을 바꾸는 것은 가능한가요?

⇨ 다음 쪽에서 대화 계속

직원

Let me check.
렛 미 첵
확인해 볼게요.

Well, the problem is ours,
웰 더 프라블럼 이즈 아우얼즈

so we'll give you a better room.
쏘우 위일 기뷰 어 베러 룸
문제가 생겼으니 더 좋은 방으로 드릴게요.

The room with the ocean view.
더 룸 윗 디 오션 뷰
바다가 보이는 방으로요.

나

Okay. Thank you.
오케이 땡 큐
좋아요. 감사합니다.

알아 둡시다
달걀 요리

sunny-side up
써니 사이드 업

한쪽 면만 노른자가 터지지 않게 프라이한 달걀

over easy
오벌 이지

양쪽 다 익히되 노른자는 반숙한 달걀

scrambled egg
스크램블드 에그

소금, 버터, 우유를 넣고 풀어 익힌 달걀

soft-boiled egg
소프트 보일드 에그

반숙으로 삶은 달걀

hard-boiled egg
하드 보일드 에그

완숙으로 삶은 달걀

두통이 있어요.
I have a headache.

아이 해브 어 해데익

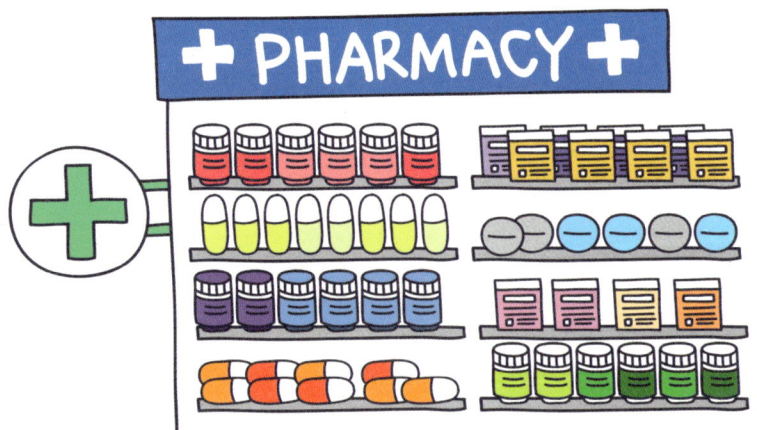

여행 떠나서 아픈 일이야말로 최대의 난관. 한국처럼 약을 사기 쉽지 않을 수도 있으니 비상약을 미리 준비해 가는 것이 좋다. 그래도 현지에서 아픈 일이 발생하면 약국이나 병원을 찾아 자기 증상 정도는 말할 수 있어야겠다. 이럴 때 쓸 수 있는 표현으로 I have a ~ 아이 해브 어가 있다. '나는 ~을 가지고 있다.'라는 뜻이니 '나는 ~가 걸렸다.' 정도로 이해하면 된다. 약국은 영어로 pharmacy 파머시 또는 drugstore 드럭스토얼이라고 하는데 굳이 따지자면 pharmacy 파머시는 의사처방(prescription 프리스크립션)에 따라 약을 조제하는 곳이고 drugstore 드럭스토얼는 처방전 없이 약을 파는 곳이다. 미국의 대형 마트 안에 있는 약국에는 보통 pharmacy 파머시라고 쓰여 있으며 pharmacist 파머시스트(약사)가 상주해 있다. 한편 영국은 약국을 chemist 케미스트라고도 쓰며 Boots 부츠라는 체인점에서는 다양한 종류의 약품을 의사처방전 없이도 살 수 있다.

핵심 패턴 **19**

I have ____.
나는 ____가 있어요.

*빈칸에 다양한 표현을 넣어 활용하세요.

감기 **a cold** 어 콜드	복통 **a stomachache** 어 스토믹에익	설사 **diarrhea** 다이어리아
열 **a fever** 어 피버	기침 **a cough** 어 커프	콧물 **a runny nose** 어 러니 노우즈
소화불량 **indigestion** 인더져스천	★ 멀미 **motion sickness** 모션 씩니스	물집 **a blister** 어 블리스털

tip ★**travel sickness**라고도 하며 배멀미는 **seasickness**, 차멀미는 **carsickness**, 비행기 멀미는 **airsickness**라고 한다.

Survival Dialogue
약국에서 약 사기

약사 Hello. What can I do for you?
헬로우 왓 캐 나이 두 포 유
안녕하세요. 무엇을 도와드릴까요?

나 Hello. I want something for a cold.
헬로우 아 원 썸띵 포 러 코올드
안녕하세요. 저는 감기약을 좀 사고 싶어요.

약사 What symptoms do you have?
왓 심텀즈 두 유 해브
증상이 어떻게 되시죠?

나 I have a cough and a sore throat.
아이 해브 어 커프 앤 어 쏘얼 뜨롯
기침이 나고 목이 아파요.

약사 All right. Take these pills twice a day. After breakfast
얼 라잇 테익 디즈 필즈 투와이 써 데이 에프털 브랙퍼스트
and dinner. But this can make you drowsy.
앤 디너 벗 디스 캔 메익 큐 드라우지
알겠습니다. 이 알약을 하루에 2번 드세요. 아침, 저녁 식사 후에요. 하지만 이 약은 졸릴 수 있습니다.

나 Okay.
오케이
알겠습니다.

알아 둡시다
다양한 빵 이름

club sandwich
클럽   샌드위치

콜드 샌드위치(cold sandwich)에 해당한다.
빵이 3장 들어간 3단 샌드위치로 닭고기, 햄,
칠면조, 베이컨, 야채 등이 들어가 있다.

hamburger
햄버거

핫 샌드위치(hot sandwich)에 해당한다.
간 쇠고기를 납작하게 구운 패티를
양상추, 토마토 등과 빵 사이에 넣어 먹는
미국식 샌드위치의 일종이다.

whole wheat bread
홀   윗   브래드

통밀빵. 갈색빵(brown bread)의 한 종류로 비타
민과 식이섬유가 많아 영양적으로 우수하다.

croissant
크루상트

프랑스어로 초승달을 의미한다.
버터와 밀가루로 만든 초승달 모양의 빵이다.

pizza
핏자

납작한 빵 위에 토마토소스와 모짜렐라 치즈를 얹은 음식으로 이탈리아 나폴리 피자가 유명하다. 토마토소스, 바질, 모짜렐라 치즈가 이탈리아 국기를 상징한다.

focaccia
포카치아

이탈리아 전통 빵 중에 하나로 밀가루에 소금, 허브, 올리브유를 첨가하여 납작하게 반죽하여 화덕에 구운 것이다. 짭조름한 맛과 단맛이 있다.

baguette
배겟

프랑스 빵의 일종으로 겉은 딱딱하나 안쪽은 부드러운 식감이 특징이다.

pie
파이

파이그릇을 이용하여 위아래 밀가루 반죽 안에 고기나, 과일을 채워 넣고 구운 요리이다.

tarte
탈트

파이와는 다르게 위를 덮지 않고 과일이나 채소가 보이게 만드는 프랑스식 파이이다.

핵심 표현 20

발목이 아파요.
I have a pain in my ankle.

아이 **해브** 어 **페인** 인 마이 **앵클**

여행 가서 갑자기 많이 걸으면 신체 여러 곳에 무리가 갈 수 있다. 따라서 본인의 컨디션을 잘 조절하여 무리하지 않는 것이 가장 중요하다. 그래도 어쩔 수 없이 다치는 일이 생길 수 있으므로 꼭 필요한 표현은 외워 두자. 앞 표현에서 배운 I have a ~. 아이 해브 어는 ~에 병명이 들어간다. 그러나 갑자기 병명이 생각나지 않을 때는 I have a pain in my ~. 아이 해브 어 페인 인 마이라는 표현을 떠올리자. 병명을 모를 때 아픈 신체 부위를 ~에 넣으면, '나는 ~에 통증이 있어요.'라는 표현이다.

핵심 패턴 20

I have a pain in my _____.
나는 _____에 통증이 있어요.

*빈칸에 다양한 표현을 넣어 활용하세요.

어깨 **shoulder** 쇼울더	목 **neck** 넥	팔 **arm** 앎
팔꿈치 **elbow** 엘보우	손 **hand** 핸드	팔목 **wrist** 뤼스트
손가락 **finger** 핑거	무릎 **knee** 니이	종아리 **calf** 캐프

Survival Dialogue
병원 진료 받기

나: **I have a pain in my ankle.**
아이 해브 어 페인 인 마이 앵클
발목이 아파요.

의사: How long have you been in pain?
하우 롱 해브 유 빈 인 페인
얼마가 오래 아팠죠?

나: Since last night.
씬스 래스트 나잇
I think I sprained my ankle while walking.
아이 띵 카이 스프뤠인드 마이 앵클 와일 워킹
어젯밤부터요. 아무래도 걷다가 삔 것 같아요.

의사: Do you have any other problems?
두 유 해브 애니 아덜 프라블럼즈
다른 문제는 없고요?

나: No, just a swollen ankle.
노우 저스트 어 스왈로운 앵클
없어요. 단지 발목이 부었어요.

의사: I shall recommend at least two days rest for you.
아이 쉘 레커멘 앳 리스트 투 데이즈 뤠슷 포 유
적어도 이틀 정도는 쉴 것을 권장합니다.

Take this medicine three times a day, after meals.
테익 디스 메디슨 뜨리 타임 저 데이 에프터 미일즈
이 약을 하루 3번 식사 후 드세요.

알아 둡시다
커피 메뉴

Espresso
에스프레쏘

에스프레소는 '빠르다'는 뜻으로 높은 압력을 가해 강력한 증기로 커피 원두의 지방 성분까지 추출하여 특유의 향이 있다.

Espresso doppio
에스프레쏘 도피오

에스프레소 더블 샷

Americano
아메리카노

에스프레소를 물에 희석하여 마시는 미국식 커피

Café macchiato
카페 마키아토

우유 거품 위에 에스프레소를 부은 것

Cappuccino
카푸치노

에스프레소에 데운 우유와 우유 거품을 포함한 커피

Café latte
카페 **라테**
에스프레소에 뜨거운 우유를 포함한 커피

Flat white
플랫 와잇
라떼와 흡사한 커피로 호주와
뉴질랜드에서 즐긴다.

Mocha
모카
카페라떼에 초코 시럽 넣은 것

Affogato
아포가토
아이스크림에 에스프레소를 부은 것

Con panna
콘 **파**냐
에스프레소에 휘핑 크림 얹은 것

그 외 상황별
핵심 표현
01 >> 24

◀ **세계 관광 명소** THE EIFFEL TOWER

에펠 탑(Tour Eiffel)은 1889년 파리 마르스 광장에 지어진 탑이다.
프랑스의 대표 건축물인 이 탑은 격자 구조로 이루어져 파리에서 가장 높은 건축물이며,
매년 수백만 명이 방문할 만큼 세계적인 관람지이다.
이를 디자인한 귀스타브 에펠의 이름에서 명칭을 얻었으며,
1889년 프랑스 혁명 100주년 기념 세계 박람회의 출입 관문으로 건축되었다.

 unit 21

교통 이용 | 길 묻기

 01

브로드웨이까지 몇 정거장 남았나요?
How many stops to Broadway?
하우 매니 스탑스 투 브로드웨이

 02

이 길이 역으로 가는 길인가요?
Is this the way to the station?
이즈 **디스** 더 **웨이** 투 더 스테이션

EXPRESSION

길모퉁이 근처예요.
It's around the corner.
잇츠　어라운　더　코너

공항으로 가는 버스가 있나요?
Is there a bus going to the airport?
이즈　데얼　어　버스　고잉　투　디　**에얼폴트**

교통 이용 | 길 묻기

05 이 버스가 에펠탑으로 가는 거 맞아요?
Is this the right bus to go to
이즈 **디스** 더 **롸잇** 버스 투 **고우** 투
the Eiffel Tower?
디 **아이플** 타월

---

06 여기서 걸어갈 수 있나요?
Can I walk from here?
캔 **아이** 웍 프롬 히얼

EXPRESSION

얼마나 자주 19번 버스가 오나요?
How often does the
하우 어픈 더즈 더
number 19 bus come?
넘버 나인틴 버스 컴

어느 정거장에서 내려야 하나요?
Which stop should I get off at?
위치 스탑 슈 다이 겟 어프 앳

교통 이용 | 길 묻기

 지도상에서 제가 위치한 곳이 어디죠?
Where am I on the map?
웨얼 엠 아이 온 더 맵

걸어서 얼마나 걸리나요?
How long does it take on foot?
하우 롱 더즈 잇 테익 온 풋

호텔에서

박희정으로 예약했습니다.
I have a reservation under the name of Heejung Park.
아이 해 버 레절베이션 언더
더 네임 어브 희정 박

3일간 예약했어요.
I have a reservation for three nights.
아이 해 버 레절베이션 폴 뜨리 나잇츠

제 예약에 아침 식사가 포함되어 있나요?
Is breakfast included in my reservation?
이즈 브랙퍼스트 인클루디드 인 마이 레절베이션

호텔에서

문이 잠겨 버렸어요.
I've locked myself out.
아이브 락트 마이셀프 아웃

문 좀 열어주시겠어요?
Can you open the door for me?
캔 유 오픈 더 도얼 폴 미

식당에서

 얼마나 기다려야 하나요?
How long do I have to wait?
하우 롱 두 아이 해브 투 **웨잇**

주문을 바꿀 수 있나요?
Is it possible to change my order?
이즈 잇 **파써블** 투 **체인지** 마이 **오덜**

식당에서

14

이건 제가 주문한 것이 아닌데요.
This is not what I ordered.
디스 이즈 낫 와 다이 오덜드

15

디저트가 무엇인가요?
What's for dessert?
왓츠 폴 디절트

EXPRESSION

여기서 계산하나요?
Do I pay here?
두 아이 페이 히얼

관광지에서

 이 줄은 무엇을 위한 줄인가요?
What is this line for?
왓 이즈 디스 라인 폴

줄 서신 건가요?
Are you in line?
알 유 인 라인

---

18 몸 전체가 다 나오게 찍어주시면 좋겠습니다.
A full body shot would be great.
어 풀 바디 샷 운 비 그래잇

상점에서

가격표를 떼어 주실래요?
Can you cut off the tags?
캔 유 컷 어프 더 **택스**

비용에 문제가 있습니다.
There's a problem with my bill.
데얼 저 프라블럼 윗 마이 **빌**

비행기에서

21 실례지만 제 자리에 앉으신 것 같은데요.
Excuse me, I think you're in my seat.
익스큐즈 미 아이 **띵크** **유얼** 인 마이 **씻**

---

22 제 의자 좀 눕혀도 될까요?
Can I recline my seat?
캔 **나이** 리클라인 마이 **씻**

EXPRESSION

 언제 식사가 나오나요?
When is the meal served?
왠 이즈 더 밀 설브드

 식탁용 테이블을 접어주세요.
Please put up your tray table.
플리즈 풋 업 유얼 트레이 테이블

◀ 세계 관광 명소　FONTANA DI TREVI

트레비 분수는 로마에 현존하는 가장 큰 규모의 분수이다.
높이는 25.9m, 너비는 19.8m이다.
바로크 양식으로 지어진 것으로는 예술성이 가장 뛰어나다는 평을 받고 있기도 하다.
트레비 분수에 동전을 던지면 소원이 이루어진다고 믿거나
언젠가 다시 로마에 오게 된다고 믿는 전통이 있다.

기초 영단어

요일

월	Monday 먼데이
화	Tuesday 투즈데이
수	Wednesday 웬즈데이
목	Thursday 떨스데이
금	Friday 프라이데이
토	Saturday 쎄러데이
일	Sunday 썬데이

전치사

~에서(부터)	from 프롬
~로, ~에, ~쪽으로	to 투
~와 함께	with 위뜨
~을 위해	for 폴
~앞에	in front of 인프런터브

월

1월	January 제뉴어리
2월	February 페뷰어리
3월	March 말취
4월	April 에이프럴
5월	May 메이
6월	June 주운
7월	July 줄라이
8월	August 어거스트
9월	September 셉템벌
10월	October 악토벌
11월	November 노벰벌
12월	December 디셈벌

숫자

1	one 원
2	two 투
3	three 쓰리
4	four 폴
5	five 파이브
6	six 씩스
7	seven 쎄븐
8	eight 에잇
9	nine 나인
10	ten 텐

11	eleven 일레븐
12	twelve 트웰브
13	thirteen 썰틴
14	fourteen 폴틴
15	fifteen 피프틴
16	sixteen 씩스틴
17	seventeen 쎄븐틴
18	eighteen 에잇틴
19	nineteen 나인틴
20	twenty 트웬티

30	**thirty** 써티
40	**forty** 폴티
50	**fifty** 피프티
60	**sixty** 씩스티
70	**seventy** 쎄븐티
80	**eighty** 에잇티
90	**ninety** 나인티
100	**one hundred** 원 헌드레드
1,000	**one thousand** 원 따우전드
10,000	**ten thousand** 텐 따우전드
100,000	**one hundred thousand** 원 헌드레드 따우전드
1,000,000	**one million** 원 밀리언
10,000,000	**ten million** 텐 밀리언

방위

동	**east** 이스트
서	**west** 웨스트
남	**south** 싸우쓰
북	**north** 놀쓰

색깔

빨강	**red** 뤠드
주황	**orange** 어린쥐
노랑	**yellow** 옐로우
초록	**green** 그린
파랑	**blue** 블루
남색	**navy** 네이뷔
보라	**purple** 펄플
하늘	**sky blue** 스까이블루
연두	**light green** 라잇그륀
회색	**gray** 그뤠이
분홍	**pink** 핑크
갈색	**brown** 브라운

2 여행지 단어 사전

ㄱ

가게 store 스토얼
　　　 shop 샵
가격표 price tag 프라이스 택
가까운 close 클로우즈
가방 bag 백
가장 가까운 the nearest 더 니어뤼스트
가장 싼 the cheapest 더 취피스트
가장 큰 the biggest 더 비기스트
가전제품 electronics 일렉트로닉스
간식 snack 스낵
감기, 추운 cold 콜드
개인 용품 personal belongings 펄스널 빌롱잉즈
개찰구 turnstile 턴스타일
객실 승무원 cabin crew 캐빈 크루
거리 street 스트릿
거울 mirror 미러
건너 across 어크로스
건물 building 빌딩
걷기 walk 웍
걸리다, 가져가다 take 테잌
검역 quarantine 쿼런틴
게 crab 크랩
게이트 gate 게잇
경로 route 루트
경유지 stopover 스탑오벌
경유하여 via 바이어/ 비아
계산서 bill 빌
　　　　 check 첵
계피 cinamon 씨나먼

계획 schedule 스케쥴
고기 meat 미잇
고속버스 express bus 익스프레스 버스
고장 난 not working 낫 월킹
　　　　 breakdown 브레잌 다운
　　　　 broken 브로큰
고추장 red pepper paste 렛 페펄 페이스트
고치다 fix 픽스
골목 alley 앨리
공부하러 to study 투 스터디
공상 과학 영화 sci-fi 싸이!파이
공연 performance 펄포먼스
공연 시간 show time 쇼우 타임
공원 park 팔크
공포 영화 horror movie 호러 무비
공항 airport 에어폴트
과일 fruit 프룻
관광 sightseeing 싸잇씽
관광명소 tourist attraction 투어리스트 어트렉션
광장 square 스퀘얼
교통표지판 traffic sign 트래픽 싸인
교환 exchange 익스체인쥐
교회 church 철취
구강청결제 mouthwash 마우쓰워시
구명조끼 life jacket 라잎 재킷
　　　　　 life vest 라잎 베스트
국내 항공기 domestic flights 더메스틱 플라잇츠
국립공원 national park 내셔널 팔크
국수 noodles 누들스
국적 nationality 내셔널리티
국제 항공기 international flights 인터내셔널 플라잇츠

귀 아픔 earache 이얼에익
귀중품 valuables 밸류어블즈
극장 theater 띠어럴
근육 muscle 머슬
금고 safe 세잎
금액 price 프라이스
금연 non-smoking 난스모킹
금연구역 non-smoking area 난스모킹 에리어
금이 간 cracked 크랙트
금지된 prohibited 프로히비티드
급한 hurry 허뤼
급행열차 express train 익스프레스 트뤠인
기내 화장실 lavatory 래버토리
기념품 souvenir 수브니얼
기다리다 wait 웨잇
기장 captain 캡틴
기차 train 트뤠인
기침 cough 커프
길 잃은 lost 로스트
길, 방법 way 웨이
김 seaweed 씨위드
깨지기 쉬운 fragile 프뤠질
꽉 끼는 tight 타잇
끓인 boiled 보일드
끔찍한 terrible 테러블

ㄴ

나가는 길 way out 웨이 아웃
나의 것 mine 마인
나일론 nylon 나일런
날 day 데이
날짜 date 데잇
남성용 for men 폴 맨
남녀공용 unisex 유니섹스

남은 음식 leftover 레프트오벌
낯선 사람 stranger 스트레인저
내리다 get off 겟 어프
냅킨 napkin 냅킨
냉장고 refrigerator 리프리져레이터
너무 익은 것 overcooked 오벌쿡트
너무 짠 too salty 투 쏠티
넥타이 tie 타이
녹차 green tea 그린 티
누르다 press 프레스
느끼한 greasy 그리씨
느린 slow 슬로우

ㄷ

다른 different 디퍼런트
다 익힌 것 well done 웰 던
다리(구조물) bridge 브릿쥐
다리(신체) leg 렉
다음 비행기 next flight 넥슷 플라잇
단 sweet 스윗
단품 single menu 씽글 메뉴
닭고기 chicken 치킨
담배 cigarette 씨거렛
담요 blanket 블랭킷
당일투어 one-day tour 원데이 투얼
대기 stand-by 스탠바이
대기자 명단 waiting list 웨이링 리스트
대사관 embassy 엠버씨
대성당 cathedral 커띠드럴
대여 rent 랜트
더 많은 more 모얼
더 빠른 faster 패스털
더 싼 cheaper 치펄
더 작은 smaller 스몰러

더 큰 bigger 비걸
더러운 dirty 덜티
덜 익은 것 undercooked 언더쿡트
데려가다 take 테잌
데우다 heat up 힛업
데인 burned 번드
도난당한 robbed 랍드
도둑 thief 띠프
도보여행 hiking 하이킹
도착 arrival 어라이벌
독서등 reading lamp 뤼딩 램프
돈 money 머니
돌려주다, 회항하다 return 뤼턴
두유 soy milk 쏘이밀크
두통 headache 해데잌
뒤로 젖히다 recline 리클라인
뒤쪽, 등 back 백
등산, 산행 trekking 트레킹
디저트, 후식 dessert 디젙트
땅콩 peanuts 피넛츠
뜨거운 hot 핫

ㄹ

라떼 latte 라테
로비 lobby 라비
룸 서비스 room service 룸 서비스
리모컨 remote control 리모웃 컨트롤
리필 refill 리필
린스 conditioner 컨디셔너
립스틱 lipstick 립스틱

ㅁ

마 linen 리넨
마늘 garlic 갈릭
마스카라 mascara 매스캬라
마요네즈 mayo 마요
막힌 clogged 클로그드
만두 dumpling 덤플링
맛 taste 테이스트
맛있는 tasty 테이스티
　　　 delicious 딜리셔스
맡기다 keep 킵
매다(안전벨트 등을) fasten 패쓴
매운 spicy 스파이시
매진 sold out 쏠드 아웃
매표소 ticket office 티켓 어피스
　　　 ticket booth 티켓 부스
　　　 box office 박스 어피스
　　　 ticket window 티켓 윈도우
맥주 beer 비얼
머리 head 헤드
머리카락 hair 헤얼
머스타드 mustard 머스타드
먹다 eat 잇
　　 have 해브
먼 far 파
멀미 motion sickness 모션 씨니스
멀미용 봉투 airsickness bag 에얼씨니스 백
면 cotton 코튼
면도기 razor 레이저
면세점 duty-free shop 듀티프리 샵
면세품목 duty-free item 듀티프리 아이템
　　　　duty-free goods 듀티프리 구즈
면세 허용치 duty-free allowance 듀티프리 얼라우언스
면허증 liscense 라이쎈스
모닝콜 wake-up call 웨익겁 콜
모레 day after tomorrow 데이 애프털 투마로우
모직 wool 울

모퉁이 corner 코널
목걸이 necklace 넥클리스
목 따가움 sore throat 쏘얼 뜨롯
목적 purpose 펄포우즈
목적지 destination 데스터네이션
무대 뒤 backstage 백스테이지
무료 free 프리
무료의 complimentary 컴플리멘터리
무릎 knee 니이
무빙워크 moving sidewalk 무빙 사이드웍
무선인터넷 wireless internet 와이얼리스 인털넷
묵다, 머물다 stay 스테이
문 door 도얼
문어 octopus 악터퍼스
물 water 워털
물급수대 water fountain 워럴 파운틴
물방울 무늬 polka dot 폴카 닷
물수건 damp towel 댐프타월
물집 blister 블리스털
물티슈 wet tissue 왯 티슈
미니 바 mini bar 미니 발
미술관 gallery 갤러리
민속의 traditional 트래디셔널

ㅂ

바꾸다, 잔돈 change 체인쥐
박람회 fair 페얼
박물관 museum 뮤지엄
반납 return 뤼턴
반대쪽 the other side 디 아덜 사이드
반바지 shorts 숄츠
반숙으로 지진 달걀 sunny-side up 써니 사이드 업
반창고 band-aids 밴데이즈
발 foot 풋

발가락 toe 토우
발권기 ticket machine 티켓 머신
발꿈치 heel 힐
밝은 bright 브라잇
방 열쇠 room key 룸 키
방해하다 disturb 디스털브
방향 direction 디렉션
배낭 여행 backpacking 백팩킹
배터리 battery 배러리
백화점 department store 디팔트먼트 스토얼
버섯 mushroom 머쉬룸
버스 벨 stop button 스탑 버튼
버스 전용 차선 bus lane 버스 레인
버스 정류장 bus stop 버스탑
벌금 fine 파인
벌레 bug 벅
벌레물림 insect bite 인섹 바이트
베게 pillow 필로우
베이글 bagel 베이글
벼룩시장 flea market 플뤼 말킷
변기 toilet 토일렛
변기세척 toilet flush 토일럿 플러쉬
변비 constipation 컨스티페이션
변압기 converter 컨버럴
병 bottle 바를
병따개 opener 오프널
병원 hospital 하스피럴
보석 jewelry 쥬얼리
보안검색 security check 씨큐리티 첵
보증금 deposit 디파짓
보험 insurance 인슈어런스
복도 hallway 헐웨이
복통 stomachache 스토믹에익
봉사료 service charge 써비스 촬쥐
부상 injury 인저리

분수 fountain 파운튼
분실물 센터 lost-and-found center 로스트파운센터
불편한 uncomfortable 언컴퍼러블
브로셔 brochure 브로셔
블록 block 블락
비닐봉투 plastic bag 플라스틱 백
비린내 나는 fishy 피쉬
비밀번호 password 패스워드
비상구 emergency exit 이멀전씨 엑싯
비상구 자리 emergency exit seat 이멀전씨 엑씻 씻
비수기 off-season 오프 씨즌
비싼 expensive 익스펜시브
비어 있는 vacant 베이컨트
비자 visa 비자
비지니스석 business class 비즈니스 클래스
비행기 flight 플라잇
비행기 멀미 airsick 에얼씩
비행기 선반 bin 빈
빌리다 rent 렌트
빨래방 laundry room 런드리룸
빨대 straw 스프로
빵 bread 브뤠드

ㅅ

사고 accident 엑시던트
사다 buy 바이
사라진 missing 미씽
사륜 구동 차량 four-wheel drive 포휠 드라이브
사업 차 on business 온 비즈니스
사용 중 occupied 아큐파이드
사원 temple 템플
사이다 Sprite 스프라잇
사전 dictionary 딕셔네리
사진 photo 포토

사진, 그림 picture 픽철
사진을 찍다 take a picture 테이커 픽철
산소마스크 oxygen mask 악씨즌 마스크
삼인용 객실 triple room 트리플 룸
상품권 gift certificate 기프트 썰티피케이트
새우 shrimp 쉬림프
색깔 color 컬러
샌드위치 sandwich 샌드위치
샐러드 salad 샐러드
샐러드 드레싱 salad dressing 샐러드 드레씽
생리대 sanitary napkin 쌔니터리 냅킨
생리통 약 pills for period 필즈 포 피뤼어드
생맥주 draft beer 드렙트 비얼
샤워기 shower 샤월
서류가방 briefcase 브맆케이스
서명 signature 시그너철
선물 gift 기프트
     present 프레젼트
선물 가게 gift shop 기프트 샵
선물 포장 gift-wrap 기프트 뤺
선크림 sunscreen 썬스크린
       sunblock 썬블럭
설명하다 explain 익스플래인
설사 diarrhea 다이어리아
설탕 sugar 슈가
성 last name 래스트 네임
성수기 high season 하이 시즌
성인 adult 애덜트
세관 customs 커스텀즈
세관신고서 customs declaration card
              커스텀즈 디클러래이션 캄드
              customs form 커스텀즈 폼
세금 tax 텍스
세금 환급 tax refund 택스 리펀드
세우다 pull over 풀 오벌

세일 중 on sale 온 쎄일
세탁 laundry 런더리
세탁 서비스 laundry service 런더리 써비스
세트 메뉴 combo menu 콤보 메뉴
셔츠 shirt 셜트
셔틀 버스 shuttle bus 셔를 버스
소금 salt 쏠트
소매, 컵 홀더 sleeve 슬리브
소스 sauce 쏘스
소화불량 indigestion 인더져스천
소형차 compact car 컴팩트 카
속옷(여성용) lingerie 란제리
손수건 handkerchief 행커취프
손톱깎이 nail clipper 네일 클립퍼
쇠고기 beef 비프
숄더 백 shoulder bag 쇼울더 백
수건 towel 타월
수도꼭지 faucet 퍼싯
수동 기어 stick shift 스띡쉬프트
수수료 fee 퓌
수영복 swimming suit 스위밍 슛
수영장 swimming pool 스위밍 풀
수족관 aquarium 어쿠아리움
수하물 luggage 러기쥐
수하물 표 baggage check 배기쥐 첵
숙박등록카드 registration card 레지스트래이션 칼드
숙박 시설 accommodation 어커모데이션
순서 turn 턴
숟가락 spoon 스푼
술 alcohol 알코올
스위트 룸 suite room 스윗 룸
스콘 scone 스콘
스크램블 scrambled 스크램블드
스크린 screen 스크린
스테이크 steak 스테익

스프 soup 숩
슬리퍼 slippers 슬리펄즈
승강장 platform 플랫폼
승객 passenger 패씬져
승무원 flight attendant 플라잇 어텐던트
시간표 timetable 타임테이블
시계 watch 워치
시끄러운 loud 라우드
시내 downtown 다운타운
시럽 syrup 시럽
시차증 jet lag 잿 래그
시청 city hall 씨티 홀
시티 투어 city tour 씨티 투얼
식당차 dining car 다이닝 카
식당칸 diner 다이너
식사 meal 미일
식초 vinegar 비니걸
식탁 table 테이블
신 sour 싸우얼
신고하다 declare 디클레어
신문 newspaper 누스페이펄
신용 카드 credit card 크래딧 칼드
신호등 traffic lights 트래픽 라이츠
싱거운 bland 블랜드
썬글래스 sunglasses 썬글래시즈
쓰레기통 rubbish bin 러비쉬 빈
       trash can 트레쉬 캔
       towel disposal 타월 디스포절
쓴 맛인 bitter 비럴

ㅇ

아스피린 aspirin 애스퍼린
아이스 티 iced tea 아이스드 티
아이스크림 ice cream 아이스크림

아픈 sick 씩
아침 식사 breakfast 브랙퍼스트
아침 식사를 제공하는 숙박
bed-and-breakfast(B&B) 베덴브랙퍼스트
안 익힌 것, 드문, 진귀한 rare 레얼
안내소 front desk 프론트 데스크
　　　　help desk 핼프 데스크
　　　　information desk 인포메이션 데스크
　　　　information office 인포메이션 어피스
안대 eyepatch 아이팻취
안전벨트 seat belt 씻 벨트
앉다 sit 씻
알레르기 allergy 앨러쥐
알약 tablet 태블릿
앞 쪽 front 프런트
애완동물 pet 펫
약 medicine 메디쓴
약국 drugstore 드럭스토얼
　　　pharmacy 팔머시
약속 appointment 어포인트먼트
양상추 lettuce 레리쓰
양파 onion 어니언
어두운 dark 다앍
어디 where 웨얼
어린이 child 차일드
어지러운 dizzy 디지
얼룩 stain 스테인
얼마 how much 하우 머치
얼음 ice 아이스
업그레이드 upgrade 업그래이드
엉덩이 hip 힙
에스프레소 espresso 에스프레쏘
에어컨 air conditioner 에얼 컨디셔너
에피타이저, 전채 appetizer 에퍼타이절
엘리베이터 elevator 엘리베이터

여권 passport 패쓰폴트
여기 here 히얼
여기서 먹을 것 for here 폴 히얼
여분의 베게 extra pillow 엑쓰라 필로우
여행 traveling 트래블링
여행객 tourist 투어리스트
여행가방 suitcase 쑷케이스
여행사 travel agency 트레블 에이전시
여행자 수표 traveler's check 트레블러즈 첵
연고 ointment 오인트먼트
연극 play 플레이
연락하다, 접촉하다 contact 컨택
연어 salmon 쌔먼
연장 extend 익스텐드
연착 delay 딜레이
열 fever 피버
열, 줄 row 로우
영수증 receipt 리씨잇
영업시간 business hour 비즈니스 아우얼
예고편 preview 프리뷰
예약 reservation 레절베이션
　　　booking 북킹
예약 안하고 오는 고객 walk-in guest 웤인 게스트
오늘의 메뉴 today's special 투데이즈 스페셜
오렌지 주스 orange juice 어린지 주스
오른손 right hand 롸잇 핸드
오른쪽 right 롸잇
오픈카 convertible 컨버러블
오한, 냉기 chill 칠
온도 temperature 템퍼러쳐
온천 hot spring 핫 스프링
올라타다 get on 겟 온
올리브 olive 올리브
옷장 closet 클로짓
와이파이 Wi-Ffi 와이파이

와인 wine 와인
왕복 round trip 롸운드 트립
왕복표 round-trip ticket 롸운트립 티켓
외국인 foreigner 포리너
외국인 international 인터내셔널
왼손 left hand 래풋 핸드
왼쪽 left 레프트
요금 charge 차알쥐
요금 fare 페얼
요리사, 주방장 chef 셰프
욕조 bathtub 배쓰텁
우유 milk 밀크
우체국 post office 퍼스트 어피스
운동복 sweatsuit 스웻숫
원샷 bottoms up 바틈즈 업
원피스 dress 드레스
웨이터 waiter 웨이털
위치 location 로케이션
윈도우 쇼핑 browsing 브라우징
            looking around 룩킹 어라운드
유람선 여행 cruise 크루우즈
유리잔 glass 글래스
유명한 famous 패이머스
유효한 valid 밸리드
은행 bank 뱅크
음량 volume 볼륨
음료수 drink 드링크
      beverage 베버릿쮜
음식점 restaurant 뤠스트런트
응급 emergency 이멀전씨
응급차 ambulance 앰뷸런스
이 teeth 티뜨
이마 forehead 포해드
이불 blanket 블랭킷
이상한 weird 위얼드

이인용 객실 double room 더블 룸
이인용 침대 double bed 더블 베드
이 쪽 this way 디스 웨이
이층 버스 double decker bus 더블 데커 버스
인터넷 연결 internet access 인터넷 엑세스
일등석 first class 퍼스트 클래스
일박 one night 원 나잇
일반석 economy class 이커너미 클래스
         coach class 코치 클래스
일인용 객실 single room 씽글 룸
일인용 침대 single bed 씽글 베드
일인용 침대 2개 twin bed 트윈 베드
일일 승차권 one-day pass 원 데이 패스
일정 schedule 스케줄
일회용 면도기 disposable razor 디스포저블 레이저
잃어버린 missing 미씽
임시 여권 temporary passport 템퍼러리 패스포트
입구 entrance 엔터런스
입국심사 immigration 이미그래이션
입국카드 disembarkation card 디스임발케이션 칼드
      entry card 엔트리 칼드
입실 수속 check in 췍인
입어 보다 try on 트라이 온
입장료 admission charge 어드미션 촬쥐
      entrance fee 엔트랜스 피이

ㅈ

자동변속장치 automatic transmission
        오토매릭 트랜스미션
자동판매기 vending machine 밴딩 머신
자리, 좌석 seat 씨잇
자막 subtitle 썹타이틀
자주 frequently 프리퀀틀리
작성하다 fill out 필 아웃

잔돈 change 체인지
잘못 fault 펄트
잘못된 wrong 륑
잡지 magazine 매거진
저울 scale 스케일
저 쪽 over there 오벌 데얼
전망 좋은 방 room with a good view 룸 윗어 굳 뷰
전시(하다) exhibit 익지빗
전자레인지 microwave 마이크로웨이브
전철역 subway station 섭웨이 스테이션
전통적인 traditional 트래디셔널
전화기 phone 폰
전화를 끊다 hang up 행 업
접객 담당자 concierge 컨시얼쥐
접시 plate 플레이트
접이식 탁자 tray table 트레이 테이블
제외한 without 위다웃
조각가 sculptor 스컬프털
조개 clam 클램
조용한 quiet 콰이엇
졸린 drowsy 드라우지
종아리 calf 캐프
종합 보험 full coverage 풀 커버리지
좋아하는 favorite 페이버릿
좌석벨트 seat belt 씻 벨트
주류 liquor 리궈
주문 order 오덜
주소 address 어드뤠쓰
주연 배우 main actor 메인 엑털
주유소 gas station 게스테이션
주차 대행 서비스 valet parking service
　　　　　　　　　발레 파킹 서비스
주차장 parking lot 팔킹 랏
줄 line 라인
중고품 가게 second hand shop 쎄컨 핸드 샵

중간 굽기 medium 미디엄
중간 휴식 intermission 인터미션
지갑 wallet 왈릿
지도 map 맵
지문 fingerprint 핑걸프린트
지배인 manager 매니절
지불하다 pay 페이
지연 delay 딜레이
지폐 bill 빌
지하철 노선도 subway map 섭웨이 맵
직업 occupation 아큐페이션
직장동료 co-worker 커월컬
직항의 direct 디렉트
질긴 tough 터프
짐 baggage 배기지
짐꾼 porter 포럴
짐칸 luggage compartment 러기쥐 컴파트먼트
짐 찾는 곳 baggage claim 배기지 클래임
짠 salty 쏠티
짧은 short 숄트
찐 steamed 스팀드

ㅊ

차 tea 티
차가운 cold 콜드
참치 tuna 튜너
창가 쪽 좌석 window seat 윈도우 씻
창문 window 윈도우
채소 vegetable 베쥐터블
채식주의자 vegetarian 베쥐테리언
처방전 prescription 프리스크립션
청바지 jeans 진즈
청소 clean 클린
청중 audience 어디언스

체크아웃 check out 체크 아웃
체크인 check in 체크 인
초(시간) second 쎄컨
초급자 beginner 비기널
초과하다 exceed 익씨드
추가 extra 엑스트라
추운, 감기 cold 콜드
추천 recommend 뤠커멘드
축제 festival 패스티벌
출구 exit 엑싯
출발 departure 디팔쳐
출발지 departure place 디팔철 플래이스
출입국 관리소 immigration 이미그래이션
출장 business trip 비즈니스 트립
취소된 cancelled 캔슬드
취소하다 cancel 캔슬
층 floor 플로얼
치과의사 dentist 덴티스트
치료 treatment 트릿먼트
치마 skirt 스컬트
치실 dental floss 덴탈 플로쓰
치약 toothpaste 툿패이스트
치즈 cheese 치즈
치통 toothache 투쓰에익
친척 relatives 랠러티브즈
칠리 소스 chili sauce 칠리 소스
침대커버 bed spread 베드 스프레드
칫솔 toothbrush 투스브러쉬

ㅋ

카메라 camera 카메라
카트 luggage carrier 러기쥐 캐리어
　　　 trolley 트뤌리
칼 knife 나이프
커튼 curtain 컬튼
커피 coffee 커피
커피숍 café 카페
컴퓨터 computer 컴퓨털
케이크 cake 케익
콘센트 socket 싸킷
콜라 coke 콕
콧물 runny nose 러니노우즈
콩 bean 빈
쿠폰, 상품권 coupon 쿠폰
　　　　　 voucher 바우철
크기 size 싸이즈
크림 cream 크림
큰 large 랄쥐
클러치백 clutch bag 클러취 백
킹 사이즈 침대 king-sized bed 킹 사이즈드 베드

ㅌ

타다 get on 게론
　　 ride 롸이드
타박상 bruise 브루즈
탄 burnt 번트
탄산음료 soda 소다
탈의실 fitting room 피팅 룸
탑승 boarding 볼딩
탑승구 gate 게잇
탑승권 boarding pass 볼딩 패쓰
택시 taxi 택시
택시 정류장 taxi stand 택시 스탠드
터미널 terminal 털미널
턱 jaw 자
테이블 table 테이블
텔레비전 TV 티비
토마토 주스 tomato juice 토메이토 주스

토트 백 tote bag 톨백
토하다 throw up 뜨로우 업
　　　　 vomit 바밋
통로 쪽 좌석 aisle seat 아일 씨잇
통역 translation 트랜슬래이션
퇴실 수속 check out 쳌까웃
튀긴 fried 프라이드
트렁크(큰 가방) trunk 트륑크
특별한 special 스페셜
팁 tip 팁

ㅍ

파마 perm 펄엄
파운데이션 foundation 파운데이션
파티, 일행 party 팔티
팔 arm 앎
팔다 sell 쎌
팔찌 bracelet 브래이슬릿
팜플렛 brochure 브로서
패키지 관광 package tour 팩키지 투어
펑크 난 타이어 flat tire 플랫 타이어
펜 pen 펜
편도 one-way 원 웨이
편안한 comfortable 컴폴터블
편의점 convenience store 컨비니언스 스토얼
포도 grape 그레이프
포장 wrap up 뤱 업
포크 fork 폴크
포함된 included 인클루디드
폭포 waterfall 워럴폴
표 ticket 티켓
표지물 landmark 랜드마크
풍경 landscape 랜스케잎
프렌치 프라이 french fries 프랜치 프라이즈
프리사이즈 one-size-fits-all 원 싸이즈 핏츠 얼
플래시 금지 no flash 노우 플래쉬
피클 pickle 피클

ㅎ

학생 student 스튜던트
한국대사관 Korean Embassy 코리언 엠버씨
할부 installment 인스털먼트
할인 discount 디스카운트
할인 쿠폰 discount coupon 디스카운트 쿠폰
항공편 번호 flight number 플라잇 넘벌
항공사 airline 에얼라인
항구 port 폴트
해산물 seafood 씨푸드
햄버거 hamburger 햄버걸
햇볕 화상 sunburn 썬번
향 fragrance 프뤠그런스
향수 perfume 펄퓸
허가된 permitted 펄미티드
헤드폰 headset 해드셋
헤어드라이어 blow dryer 블로우 드라이얼
헬스클럽 fitness center 핏니스 센터
현금 cash 캐쉬
현금지급기 ATM 에이티엠
현지 시각 local time 로컬 타임
호선 line 라인
호수 lake 레이크
호출 버튼 call button 컬 버튼
화가 painter 페인털
화면 screen 스크린
화장실 restroom 뤠스트룸
화장지 toilet paper 토일럿 페이펄
화장품 cosmetics 코스매틱스
화재 피난로 fire escape 퐈열 이쓰케잎

환율, 환전소 currency exchange 커런시 익스체인쥐
환불 refund 뤼펀드
환승 transit 트랜짓
　　　 transfer 트랜스퍼
환승데스크 transfer desk 트랜스퍼 데스크
환승편 connecting flight 커넥팅 플라잇
환율 exchange rate 익스체인지 뤠잇
환전 money exchange 머니 익스체인쥐
횡단보도 crosswalk 크로스웍
후드티 hoodie 후디
후추 pepper 페펄
휘핑크림 whipped cream 휩트 크림
휴가 vacation 베이케이션
휴게실 lounge 롸운지
휴대용 가방 carry-on bag 캐리온 백
휴대전화 cell phone 쎌 포운
휴식 시간 intermission 인터미션
휴지 napkin 냅킨
흉부 chest 체스트
흘리다 spill 스필
흡연 smoking 스모킹
히터 heater 히터

A

accident 엑시던트 사고
accommodation 어커모데이션 숙박 시설
across 어크로스 건너
address 어드뤠쓰 주소
admission charge 어드미션 촤쥐 입장료
adult 애덜트 성인
air conditioner 에얼 컨디셔너 에어컨
airline 에얼라인 항공사
airport 에얼포트 공항
airsick 에얼씩 비행기 멀미
airsickness bag 에얼씨니스 백 멀미용 봉투
aisle seat 아일 씨잇 통로 쪽 좌석
alcohol 알코올 술
allergy 앨러쥐 알레르기
alley 앨리 골목
ambulance 앰뷸런스 응급차
appetizer 에퍼타이절 전채, 식욕을 돋우기 위한 것
appointment 어포인트먼트 약속
aquarium 어쿠아리움 수족관
arm 앎 팔
arrival 어라이벌 도착
aspirin 애스퍼린 아스피린
ATM 에이티엠 현금지급기
audience 어디언스 청중
automatic transmission 오토매틱 트랜스미션 자동변속장치

B

back 백 뒤쪽, 등
backpacking 백팩킹 배낭여행
backstage 백스테이지 무대 뒤
bag 백 가방
bagel 베이글 베이글
baggage 배기지 짐
baggage check 배기지 첵 수하물표
baggage claim 배기지 클래임 짐 찾는 곳
band-aids 밴데이즈 반창고
bank 뱅크 은행
bathtub 배쓰텁 욕조
battery 배러리 배터리
bean 빈 콩
bed-and-breakfast(B&B) 베덴브랙퍼스트 아침 식사를 제공하는 숙박
bed spread 베드 스프레드 침대커버
beef 비프 쇠고기
beer 비얼 맥주
beginner 비기널 초급자
beverage 베버릿쥐 음료수
bigger 비걸 더 큰
bill 빌 지폐, 계산서
bin 빈 비행기 선반
bitter 비럴 쓴 맛이
bland 블랜드 싱거운
blanket 블랭킷 담요, 이불
blister 블리스털 물집
block 블락 블록
blow dryer 블로우 드라이얼 헤어드라이어
boarding 볼딩 탑승
boarding pass 볼딩 패쓰 탑승권
boiled 보일드 끓인
booking 북킹 예약
bottle 바를 병
bottoms up 바름즈 업 원샷
box office 박스 어피스 매표소
bracelet 브레이슬릿 팔찌
bread 브뤠드 빵
breakdown 브레익다운 고장 난

breakfast 브렉퍼스트 아침식사
bridge 브릿쥐 다리(구조물)
briefcase 브맆케이스 서류가방
bright 브라잇 밝은
brochure 브로셔 브로셔, 팜플렛
broken 브로큰 고장 난
browsing 브라우징 윈도우 쇼핑
bruise 브루즈 타박상
bug 벅 벌레
building 빌딩 건물
burned 번드 데인, 탄
burnt 번트 데인, 탄
bus lane 버스 레인 버스 전용 차선
bus stop 버스탑 버스 정류장
business 비즈니스 사업
business class 비즈니스 클래스 비지니스석
business hour 비즈니스 아우얼 영업시간
business trip 비즈니스 트립 출장
buy 바이 사다

C

café 카페 커피숍
cabin crew 캐빈 크루 객실 승무원
cake 케잌 케이크
calf 캐프 종아리
call button 컬 버튼 호출 버튼
camera 카메라 카메라
cancel 캔슬 취소하다
cancelled 캔슬드 취소된
carry-on bag 캐리온 백 휴대용 가방
cash 캐쉬 현금
cathedral 커띠드럴 대성당
cell phone 쎌 포운 휴대전화
change 체인쥐 바꾸다, 잔돈

captain 캡틴 기장
charge 차알쥐 요금
cheaper 치펄 더 싼
check 첵 계산서
check in 첵인 입실 수속
check out 첵까웃 퇴실 수속
cheese 치즈 치즈
chef 셰프 요리사, 주방장
chest 체스트 흉부
chicken 치킨 닭고기
child 차일드 어린이
chili sauce 칠리 소스 칠리 소스
chill 칠 냉기, 오한
church 철취 교회
cigarette 씨거렛 담배
cinamon 씨나먼 계피
city hall 씨티 홀 시청
city tour 씨티 투얼 시티 투어
clam 클램 조개
clean 클린 청소
clogged 클로그드 막힌
close 클로우즈 가까운
closet 클로짓 옷장
clutch bag 클러취 백 클러치백
coach class 코치 클래스 일반석
coffee 커피 커피
coke 콕 콜라
cold 콜드 감기, 차가운
color 컬러 색깔
combo menu 콤보 메뉴 세트 메뉴
comfortable 컴폴터블 편안한
compact car 컴팩트 카 소형차
complimentary 컴플리멘터리 무료의
computer 컴퓨털 컴퓨터
concierge 컨시얼쥐 접객 담당자

conditioner 컨디셔너 린스
connecting flight 커넥팅 플라잇 환승편
constipation 컨스티페이션 변비
contact 컨택 연락하다, 접촉하다
convenience store 컨비니언스 스토얼 편의점
converter 컨버럴 변압기
convertible 컨버러블 오픈카
corner 코널 모퉁이
cosmetics 코스매틱스 화장품
cotton 코튼 면
cough 커프 기침
coupon 쿠폰 쿠폰
co-worker 커월컬 직장동료
crab 크랩 게
cracked 크랙트 금이 간
cream 크림 크림
credit card 크래딧 칼드 신용 카드
crosswalk 크로스웍 횡단보도
cruise 크루우즈 유람선 여행
currency exchange 커런시 익스체인쥐 환율, 환전소
curtain 컬튼 커튼
customs 커스텀즈 세관
customs declaration card
커스텀즈 디클래래이션 칼드 세관신고서
customs form 커스텀즈 폼 세관신고서

D

damp towel 댐프 타월 물수건
dark 다앍 어두운
date 데잇 날짜
day 데이 날
day after tomorrow 데이 애프털 투마로우 모레
declare 디클레어 신고하다
declaration card 디클레래이션 카드 세관신고서

delay 딜레이 연착, 지연
delicious 딜리셔스 맛있는
dental floss 덴탈 플로쓰 치실
dentist 덴티스트 치과의사
department store 디팔트먼트 스토얼 백화점
departure 디팔쳐 출발
departure place 디팔철 플래이스 출발지
deposit 디파짓 보증금
dessert 디절트 디저트, 후식
destination 데스터네이션 목적지
diarrhea 다이어리아 설사
dictionary 딕셔네리 사전
different 디퍼런트 다른
diner 다이너 식당칸
dining car 다이닝 카 식당차
direct 디렉트 직접적인, 직항의
direction 디렉션 방향
dirty 덜티 더러운
discount 디스카운트 할인
discount coupon 디스카운트 쿠폰 할인 쿠폰
disembarkation card 디스임발케이션 칼드 입국카드
disposable razor 디스포저블 레이저 일회용 면도기
disturb 디스털브 방해하다
dizzy 디지 어지러운
domestic flights 더미스틱 플라잇츠 국내 항공기
door 도얼 문
double bed 더블 베드 이인용 침대
double-decker bus 더블 데커 버스 이층 버스
double room 더블 룸 이인용 객실
downtown 다운타운 시내
draft beer 드랩트 비얼 생맥주
dress 드뤠스 원피스
drink 드링크 음료수
drowsy 드라우지 졸린
drugstore 드럭 스토얼 약국

dumpling 덤플링 만두
duty-free allowance 듀리프리 얼라우언스 면세허용치
duty-free goods 듀리프리 구즈 면세품목
duty-free item 듀리프리 아이템 면세품목
duty-free shop 듀리프리 샵 면세점

E

earache 이얼에익 귀 아픔
eat 잇 먹다
economy class 이커너미 클래스 일반석
electronics 일렉트로닉스 가전제품
elevator 엘리베이터 엘리베이터
embassy 엠버씨 대사관
emergency 이멀전씨 응급
emergency exit 이멀전씨 엑씻 비상구
emergency exit seat 이멀전씨 엑씻 씻 비상구 자리
entrance 엔트랜스 입구, 입장
entrance fee 엔트랜스 피이 입장료
entry card 엔트리 칼드 입국카드
espresso 에스프레쏘 에스프레소
exceed 익씨드 초과하다
exchange 익스체인쥐 교환
exchange rate 익스체인지 뤠잇 환율
exhibit 익지빗 전시(하다)
exit 엑씻 출구
expensive 익스펜시브 비싼
explain 익스플래인 설명하다
express bus 익스프레스 버스 고속버스
express train 익스프레스 트뤠인 급행열차
extend 익스텐드 연장
extra 엑스트라 추가
extra pillow 엑스트라 필로우 여분의 베게
eyepatch 아이팻취 안대

F

famous 페이머스 유명한
fair 페얼 박람회
far 파 먼
fare 페얼 요금
fasten 패쓴 (안전벨트 등을) 매다
faster 패스털 더 빠른
faucet 퍼씻 수도꼭지
fault 펄트 잘못
favorite 페이버릿 좋아하는
fee 퓌 수수료
festival 패스티벌 축제
fever 피버 열
fill out 필 아웃 작성하다
fine 파인 벌금
fingerprint 핑걸프린트 지문
fire escape 퐈열 이쓰케임 화재 피난로
first class 퍼스트 클래스 일등석
fishy 피쉬 비린내 나는
fitness center 핏니스 센터 헬스클럽
fitting room 피팅 룸 탈의실
fix 픽스 고치다
flat tire 플랫 타이어 펑크 난 타이어
flea market 플뤼 맣킷 벼룩시장
flight 플라잇 비행기
flight attendant 플라잇 어텐던트 승무원
flight number 플라잇 넘벌 항공편 번호
floor 플로열 층
foot 풋 발
for here 폴 히얼 여기서 먹을 것
for men 폴 맨 남성용
forehead 포해드 이마
foreigner 포리너 외국인
fork 폴크 포크

foundation 파운데이션 파운데이션
fountain 파운튼 분수
four-wheel drive 포휠 드라이브 4륜 구동 차량
fragile 프뤠질 깨지기 쉬운
fragrance 프뤠그런스 향
free 프리 무료
french fries 프랜치 프라이즈 프렌치 프라이
frequently 프리퀀틀리 자주, 흔히
fried 프라이드 튀긴
front 프론트 앞 쪽
front desk 프론트 데스크 안내소
fruit 프룻 과일
full coverage 풀 커버리지 종합 보험

G

gallery 갤러리 미술관
garlic 갈릭 마늘
gas station 게스테이션 주유소
gate 게잇 게이트, 탑승구, 문
get off 겟 어프 내리다
get on 겟 온 올라타다
gift 기프트 선물
gift certificate 기프트 썰티피케이트 상품권
gift shop 기프트 샵 선물 가게
gift-wrap 기프트 뤱 선물 포장
glass 글래스 유리잔
grape 그레이프 포도
greasy 그리씨 느끼한
green tea 그린 티 녹차

H

hair 헤얼 머리카락
hallway 헐웨이 복도

hamburger 햄버걸 햄버거
handkerchief 행커취프 손수건
hang up 행 업 전화를 끊다
have 해브 먹다
head 해드 머리
headache 해데익 두통
headset 해드셋 헤드폰
heat up 힛 업 데우다
heater 히터 히터
heel 힐 발꿈치
help desk 핼프 데스크 안내소
here 히얼 여기
high season 하이 시즌 성수기
hiking 하이킹 도보여행
hip 힙 엉덩이
hoodie 후디 후드티
horror 호러 공포영화
hospital 하스피럴 병원
hot 핫 뜨거운
hot spring 핫 스프링 온천
how much 하우 머치 얼마
hurry 허뤼 급한

I

ice 아이스 얼음
ice cream 아이스크림 아이스크림
iced tea 아이스드 티 아이스 티
immigration 이미그래이션 출입국 관리소
included 인클루디드 포함된
indigestion 인더져스천 소화불량
information desk 인포메이션 데스크 안내소
information office 인포메이션 어피스 안내소
injury 인저리 부상
insect bite 인섹 바이트 벌레물림

installment 인스털먼트 할부
insurance 인슈어런스 보험
intermission 인터미션 중간 휴식, 휴식 시간
international 인터내셔널 국제적인, 외국인
international flights
인터내셔널 플라잇츠 국제 항공기
internet access 인터넷 엑세스 인터넷 연결

J

jaw 자 턱
jeans 진즈 청바지
jet lag 잿 래그 시차증
jewelry 쥬얼리 보석

K

keep 킵 맡기다
king-sized bed 킹 사이즈드 베드 킹 사이즈 침대
knee 니이 무릎
knife 나이프 칼
Korean chili paste 코리언 칠리 페이스트 고추장
Korean Embassy 코리언 엠버씨 한국 대사관

L

landmark 랜드마크 주요 지형지물
landscape 랜스케잎 풍경
lake 레이크 호수
large 랄쥐 큰
last name 래스트 네임 성
latte 라테 라떼
laundry 런더리 세탁
laundry room 런드리 룸 빨래방
laundry service 런더리 써비스 세탁 서비스

lavatory 래버토리 기내 화장실
left 레프트 왼쪽
left hand 래픗 핸드 왼손
leftover 레프트오벌 남은 음식
leg 렉 다리(신체)
lettuce 레리쓰 양상추
life jacket 라잎 재킷 구명조끼
life vest 라잎 베스트 구명조끼
line 라인 줄, 지하철 호선
linen 리넨 마
lingerie 란제리 여성용 속옷
lipstick 립스틱 립스틱
liquor 리쿼 주류
liscense 라이쎈스 면허증
lobby 라비 로비
local time 로컬 타임 현지 시각
location 로케이션 위치
looking around 룩킹 어라운드 윈도우 쇼핑
lost 로스트 길 잃은
lost-and-found center 로스트파운 센터 분실물 센터
loud 라우드 시끄러운
lounge 롸운지 휴게실
luggage 러기쥐 수하물
luggage carrier 러기쥐 캐리어 카트
luggage compartment 러기쥐 컴파트먼트 짐 칸

M

magazine 매거진 잡지
main actor 메인 엑털 주연 배우
manager 매니절 지배인
map 맵 지도
mascara 매스카라 마스카라
mayo 마요 마요네즈
meal 미일 식사

meat 미잇 고기
medicine 메디쓴 약
medium 미디엄 중간 굽기
memorial 메모리얼 기념관
microwave 마이크로웨이브 전자레인지
milk 밀크 우유
mine 마인 나의 것
mini bar 미니 발 미니 바
mirror 미러 거울
missing 미씽 사라진, 잃어버린
money 머니 돈
money exchange 머니 익스체인쥐 환전
more 모얼 더 많은
motion sickness 모션 씩니스 멀미
moving sidewalk 무빙 사이드웍 무빙워크
mouthwash 마우쓰워시 구강청결제
muscle 머슬 근육
museum 뮤지엄 박물관
mushroom 머쉬룸 버섯
mustard 머스타드 머스타드

N

nail clipper 네일 클립퍼 손톱깎이
napkin 냅킨 냅킨, 휴지
nationality 내셔널리티 국적
National Park 내셔널 팔크 국립공원
necklace 넥클리스 목걸이
newspaper 누스페이퍼 신문
next flight 넥숏 플라잇 다음 비행기
no flash 노우 플래쉬 플래시 금지
non-smoking 난스모킹 금연
non-smoking area 난스모킹에어리어 금연구역
noodles 누들스 국수
not working 낫 월킹 고장 난

nylon 나일런 나일론

O

occupation 아큐페이션 직업
occupied 아큐파이드 사용 중
octopus 악터퍼스 문어
off-season 오프 씨즌 비수기
ointment 오인트먼트 연고
olive 올리브 올리브
on business 온 비지니스 사업 차
on sale 온 쎄일 세일 중
one night 원 나잇 일박
one-day pass 원 데이 패스 일일 승차권
one-day tour 원데이투얼 당일 투어
one-size-fits-all 원싸이즈 핏츠 얼 프리사이즈
one-way 원 웨이 편도
onion 어니언 양파
opener 오프널 병따개
orange juice 어린지 주스 오렌지 주스
order 오덜 주문
over there 오벌 데얼 저 쪽
overcooked 오벌쿡트 너무 익은 것
oxygen mask 악씨즌 매스크 산소마스크

P

package tour 팩키지 투어 패키지 관광
painter 페인털 화가
park 팔크 공원
parking lot 팔킹 랏 주차장
party 팔티 파티, 일행
passenger 패씬져 승객
passport 패쓰폴트 여권
password 패스워드 비밀번호

pay 페이 지불하다
peanuts 피넛츠 땅콩
pen 펜 펜
pepper 페퍼 후추
performance 펄포먼스 공연
perfume 펄퓸 향수
perm 펄엄 파마
permitted 펄미티드 허가된
personal belongings 펄스널 빌롱잉즈 개인용품
pet 펫 애완동물
pharmacy 팔머시 약국
phone 폰 전화기
photo 포토 사진
pickle 피클 피클
picture 픽철 사진, 그림
pillow 필로우 베게
pills for period 필즈 포 피뤼어드 생리통 약
plastic bag 플라스틱 백 비닐봉투
plate 플레이트 접시
platform 플랫폼 승강장
play 플레이 연극
polka dot 폴카 닷 물방울 무늬
port 폴트 항구
porter 포럴 짐꾼
post office 퍼스트 어피스 우체국
prescription 프리스크립션 처방전
present 프레전트 선물
press 프레스 누르다
preview 프리뷰 예고편
price 프라이스 금액
price tag 프라이스 택 가격표
prohibited 프로히비티드 금지된
pull over 풀 오벌 세우다
purpose 펄포우즈 목적

Q

quarantine 쿼런틴 검역
quiet 콰이엇 조용한

R

rare 레얼 안 익힌 것, 드문, 진귀한
razor 레이저 면도기
reading lamp 뤼딩 램프 독서등
receipt 리씨잇 영수증
recline 리클라인 뒤로 젖히다
recommend 뤠커멘드 추천
red pepper paste 렛 페펄 페이스트 고추장
refill 리필 리필
refrigerator 리프레저레이터 냉장고
refund 뤼펀드 환불
registration card 래지스트래이션 칼드 숙박등록카드
relatives 랠리티브즈 친척
remote control 리모웃 컨트롤 리모컨
rent 랜트 대여, 빌리다
reservation 레절베이션 예약
restaurant 뤠스트런트 음식점
restroom 뤠스트룸 화장실
return 뤼턴 돌려주다, 회항하다, 반납
ride 롸이드 타다
right 롸잇 오른쪽
right hand 롸잇 핸드 오른손
robbed 랍드 도난당한
room key 룸 키 방 열쇠
room service 룸 서비스 룸 서비스
room with a good view 룸 윗 어 굿뷰 전망 좋은 방
round trip 롸운드 트립 왕복
round-trip ticket 롸운트립 티켓 왕복표
route 루트 경로

row 로우 열, 줄
rubbish bin 러비쉬 빈 쓰레기통
runny nose 러니 노우즈 콧물

S

safe 쎄잎 금고
salad 쌜러드 샐러드
salad dressing 쌜러드 드레씽 샐러드 드레싱
salmon 쌔먼 연어
salt 쏠트 소금
salty 쏠티 짠
sandwich 쌘드위치 샌드위치
sanitary napkin 쌔니터리 냅킨 생리대
sauce 쏘스 소스
scale 스케일 저울
schedule 스케쥴 계획, 일정
sci-fi 싸이퐈이 공상 과학 영화
scone 스콘 스콘
scrambled 스크램블드 스크램블
screen 스크린 스크린, 화면
sculptor 스컬프털 조각가
seafood 씨푸드 해산물
seat 씨잇 자리, 좌석
seat belt 씻 벨트 안전벨트
seaweed 씨위드 김
second 쎄컨 초(시간)
second-hand shop 쎄컨 핸드 샵 중고품 가게
security check 씨큐리티 첵 보안검색
sell 쎌 팔다
service charge 써비스 촬쥐 봉사료
shirt 셜트 셔츠
shop 샵 가게
short 숄트 짧은
shorts 숄츠 반바지

shoulder bag 쇼울더 백 숄더 백
show time 쇼우 타임 공연 시간
shower 샤월 샤워기
shrimp 쉬림프 새우
shuttle bus 셔를 버스 셔틀 버스
sick 씩 아픈
sightseeing 싸잇씽 관광
signature 시그너철 서명
single bed 씽글 베드 일인용 침대
single menu 씽글 메뉴 단품
single room 씽글 룸 일인용 객실
sit 씻 앉다
size 싸이즈 크기
skirt 스컬트 치마
sleeve 슬리브 소매, 컵 홀더
slippers 슬리펄즈 슬리퍼
slow 슬로우 느린
smaller 스몰러 더 작은
smoking 스모킹 흡연
snack 스낵 간식
socket 싸킷 콘센트
soda 소다 탄산음료
sold out 쏠드 아웃 매진
sore throat 쏘얼뜨롯 목 따가움
soup 숲 스프
sour 싸우얼 신
souvenir 수브니얼 기념품
soy milk 쏘이 밀크 두유
special 스페셜 특별한
spicy 스파이시 매운
spill 스필 흘리다
spoon 스푼 숟가락
Sprite 스프라잇 사이다
square 스퀘얼 광장
stain 스테인 얼룩

stand-by 스탠바이 대기
stay 스테이 묵다, 머물다
steak 스테익 스테이크
steamed 스팀드 찐
stick shift 스띡 쉬프트 수동 기어
stomachache 스토믹에익 복통
stop button 스탑 버튼 버스 벨
stopover 스탑오벌 경유지
store 스토얼 가게
stranger 스트레인저 낯선 사람
straw 스뜨로 빨대
street 스트릿 거리(길)
student 스튜던트 학생
subtitle 썹타이틀 자막
subway map 썹웨이 맵 지하철 노선도
subway station 썹웨이 스테이션 전철역
sugar 슈가 설탕
sunburn 썬번 햇볕 화상
suitcase 숫케이스 여행가방
suite room 스윗 룸 스위트 룸
sunblock 썬블럭 선크림
sunglasses 썬글래시즈 썬글래스
sunny-side up 써니 사이드 업 반숙으로 지진 달걀
sunscreen 썬스크린 선크림
sweatsuit 스웻숏 운동복
sweet 스윗 단
swimming pool 스위밍 풀 수영장
swimming suit 스위밍 숏 수영복
syrup 시럽 시럽

T

table 테이블 테이블
tablet 태블릿 알약
take 테익 걸리다, 가져가다, 데려가다
take a picture 테이커 픽철 사진을 찍다
taste 테이스트 맛
tasty 테이스티 맛있는
tax 텍스 세금
tax refund 텍스 리펀드 세금 환급
taxi 택시 택시
taxi stand 택시 스탠드 택시 정류장
tea 티 차
teeth 티뜨 이
temperature 템퍼러처 온도
temple 템플 사원
temporary passport 템퍼레리 패스포트 임시 여권
terminal 털미널 터미널
terrible 테러블 끔찍한
the biggest 더 비기스트 가장 큰
the cheapest 더 취피스트 가장 싼
the nearest 더 니어뤼스트 가장 가까운
the other side 디 아덜 사이드 반대쪽
theater 띠어럴 극장
thief 띠프 도둑
this way 디스 웨이 이 쪽
throw up 뜨로우 업 토하다
ticket 티켓 표
ticket booth 티켓 부스 매표소
ticket machine 티켓 머신 발권기
ticket office 티켓 어피스 매표소
ticket window 티켓 윈도우 매표소
tie 타이 넥타이
tight 타잇 꽉 끼는
timetable 타임테이블 시간표
tip 팁 팁
toe 토우 발가락
to study 투 스터디 공부하러
today's special 투데이즈 스페셜 오늘의 메뉴
toilet 토일렛 변기

toilet flush 토일럿 플러쉬 변기세척
toilet paper 토일럿 페이펄 화장지
tomato juice 토메이토 주스 토마토 주스
too salty 투 쏠티 너무 짠
toothache 투쓰에익 치통
toothbrush 투스브러쉬 칫솔
toothpaste 툿패이스트 치약
tote bag 톨 백 토트 백
tough 터프 질긴
tourist 투어리스트 여행객
tourist attraction 투어리스트 어트뤡션 관광 명소
towel 타월 수건
towel disposal 타월 디스포절 쓰레기통
traditional 트래디셔널 민속의, 전통적인
traffic lights 트래픽 라이츠 신호등
traffic sign 트래픽 싸인 교통표지판
train 트뤠인 기차
transfer 트랜스퍼 환승
transfer desk 트랜스퍼 데스크 환승데스크
transit 트랜짓 환승, 경유
translation 트랜슬래이션 통역
trash can 트래쉬 캔 쓰레기통
travel agency 트래블 에이전시 여행사
traveler's check 트래블러즈 첵 여행자 수표
traveling 트래블링 여행
tray table 트레이 테이블 접이식 탁자
treatment 트릿먼트 치료
trekking 트레킹 등산, 산행
triple room 트리플 룸 삼인용 객실
trolley 트뤌리 카트
trunk 트뤙크 트렁크
try on 트롸이 온 입어 보다
tuna 튜너 참치
turn 턴 순서
turnstile 턴스타일 개찰구

TV 티비 텔레비전
twin bed 트윈 베드 일인용 침대 2개

U

uncomfortable 언컴퍼러블 불편한
undercooked 언더쿡트 덜 익은 것
unisex 유니섹스 남녀공용
upgrade 업그래이드 상위 등급으로 높여주다

V

vacant 베이컨트 비어 있는
vacation 베이케이션 휴가
valet parking service 발레 파킹 서비스
주차 대행 서비스
valid 밸리드 유효한
valuables 밸류어블즈 귀중품
vegetable 베쥐터블 채소
vegetarian 베쥐테리언 채식주의자
vending machine 밴딩 머신 자동판매기
via 바이어/ 비아 ~을 경유하여
vinegar 비니걸 식초
visa 비자 비자
volume 볼륨 음량
vomit 바밋 토하다
voucher 바우철 쿠폰, 상품권, 할인권

W

wait 웨잇 기다리다
waiter 웨이털 웨이터
waiting list 웨이링 리스트 대기자 명단
wake-up call 웨익껍 콜 모닝콜
walk 웤 걷기

walk-in guest 웤인 게스트 예약 안하고 오는 고객
wallet 왈릿 지갑
watch 워치 시계
water 워털 물
waterfall 워럴폴 폭포
water fountain 워럴 파운틴 물급수대
way 웨이 길, 방법
way out 웨이 아웃 나가는 길
weird 위얼드 이상한
well done 웰 던 다 익힌 것
wet tissue 왯 티슈 물티슈
where 웨얼 어디
whipped cream 휩트 크림 휘핑크림
Wi-Fi 와이파이 와이파이
window 윈도우 창문
window seat 윈도우 씻 창가 쪽 좌석
wine 와인 와인
wireless internet 와이얼리스 인털넷 무선인터넷
without 위다웃 제외한
wool 울 모직
wrap up 랩 업 (물건 등을) 싸다, 포장
wrong 륑 잘못된

✈ 항공 스케줄

in

	Departure	Transfer	Arrival
Date			
City / Airport			
Time			
Flight No.			

out

	Departure	Transfer	Arrival
Date			
City / Airport			
Time			
Flight No.			

◎ 기차 스케줄

Date
Departure   (Train No.   Time   )
Transfer   (Train No.   Time   )
Arrival

Date
Departure   (Train No.   Time   )
Transfer   (Train No.   Time   )
Arrival

 **여행 경비**

항목	비용	구입처	현금, 카드

여행 일정표

일차	지역	교통	시간	일정	비고
1 Day					
2 Day					
3 Day					
4 Day					

일차	지역	교통	시간	일정	비고
5 Day					
6 Day					
7 Day					
8 Day					

일차	지역	교통	시간	일정내용	비고
9 Day					
10 Day					
11 Day					
12 Day					

일차	지역	교통	시간	일정내용	비고
13 Day					
14 Day					
15 Day					
16 Day					

travel diary

WORLD MAP

Iceland
Sweden
Norway
Finland
United Kingdom
Denmark
Ireland
Belgium Poland
Germany
France Czech Republic
Switzerland
EUROPE
Russian Federation
Kazakhstan
Spain
Italy
Greece Turkey
Uzbekistan
Mongolia
Syria Iraq
Iran
ASIA
North Korea
Israel Kuwait
Afghanistan
South Korea Japan
Morocco
MIDDLE
Pakistan
Denmark
EAST
China
Libyan Arab Jamahiriya
Egypt Saudi Arabia
India
Taiwan
Sudan Oman
Myanmar
Senegal
Yemen
Thailand
Vietnam
Philippines
AFRICA
Nigeria YeEtiyop'iya
Central African Republic
Palau
Malaysia
Indonesia
Papua N
Democratic Republic of the Congo
Angola Tanzania
Zambia
Madagascar
OSEANIA
South Africa
Australia

NORTH AMERICA

- Alaska
- Canada
- United States of America
- Mexico
- Cuba
- República Dominicana
- Guatemala
- Hawaii

SOUTH AMERICA

- Venezuela
- Colombia
- Ecuador
- Peru
- Brazil
- Bolivia
- Paraguay
- Chile
- Argentina
- Uruguay

Greenland

New Zealand

I'M READY!